国家自然科学基金面上项目"民办高校高质量发展模式与平台机
（项目批准号：72174030）
北京师范大学教育学一流学科培优项目

贯彻教育强国建设规划纲要，深化教育综合改革

ZHONGGUO MINBAN JIAOYU FAZHAN BAOGAO 2022~2023

中国民办教育发展报告 2022~2023

周海涛　等著

中国财经出版传媒集团

经济科学出版社
Economic Science Press

·北 京·

图书在版编目（CIP）数据

中国民办教育发展报告. 2022-2023 / 周海涛等著.
北京 ： 经济科学出版社，2024.12. -- ISBN 978-7
-5218-6523-3

Ⅰ. G522.74

中国国家版本馆 CIP 数据核字第 202426Y6B0 号

责任编辑：撒晓宇
责任校对：靳玉环
责任印制：范　艳

中国民办教育发展报告 2022~2023

周海涛　等著

经济科学出版社出版、发行　新华书店经销

社址：北京市海淀区阜成路甲 28 号　邮编：100142

总编部电话：010-88191217　发行部电话：010-88191522

网址：www.esp.com.cn

电子邮箱：esp@esp.com.cn

天猫网店：经济科学出版社旗舰店

网址：http://jjkxcbs.tmall.com

北京季蜂印刷有限公司印装

787×1092　16 开　10.75 印张　211000 字

2024 年 12 月第 1 版　2024 年 12 月第 1 次印刷

ISBN 978-7-5218-6523-3　定价：78.00 元

课 题 组

组　长　周海涛

成　员　景安磊　施文姝　胡万山　郑淑超

　　　　杨高伟　王艺鑫　闫丽雯　张墨涵

　　　　刘永林　肖　燕　林思雨　尚兴娟

　　　　孙钦涛

目　　录

第一章　加强党对民办教育的全面领导 ··· 1

　第一节　加强党对民办教育全面领导的具体实践 ······················· 1

　第二节　加强党对民办教育全面领导的主要成效 ······················· 7

　第三节　加强党对民办教育全面领导的问题难点 ······················· 13

　第四节　加强党对民办教育全面领导的改进思路 ······················· 17

第二章　保障民办学前教育普惠安全优质发展 ······························· 23

　第一节　保障民办学前教育普惠安全优质发展的基本举措 ············· 23

　第二节　保障民办学前教育普惠安全优质发展的主要成效 ············· 29

　第三节　保障民办学前教育普惠安全优质发展的问题堵点 ············· 32

　第四节　保障民办学前教育普惠安全优质发展的改进思路 ············· 37

第三章　促进民办中小学特色多样发展 ··· 41

　第一节　促进民办中小学特色多样发展的基本做法 ····················· 41

　第二节　促进民办中小学特色多样发展的主要成效 ····················· 47

　第三节　促进民办中小学特色多样发展的问题堵点 ····················· 51

　第四节　促进民办中小学特色多样发展的改进思路 ····················· 54

第四章　推动民办高等教育高质量发展 ··· 60

　第一节　推动民办高等教育高质量发展的基本做法 ····················· 60

　第二节　推动民办高等教育高质量发展的主要成效 ····················· 64

　第三节　推动民办高等教育高质量发展的问题堵点 ····················· 71

　第四节　推动民办高等教育高质量发展的改进思路 ····················· 77

第五章　增强民办职业教育适应性 ……………………………………… 86
　　第一节　增强民办职业教育适应性的基本做法 ……………………… 86
　　第二节　增强民办职业教育适应性的主要成效 ……………………… 92
　　第三节　增强民办职业教育适应性的问题堵点 ……………………… 97
　　第四节　增强民办职业教育适应性的改进思路 ……………………… 102

第六章　提升民办学校内部治理能力 …………………………………… 108
　　第一节　提升民办学校内部治理能力的基本做法 …………………… 108
　　第二节　提升民办学校内部治理能力的主要成效 …………………… 115
　　第三节　提升民办学校内部治理能力的问题堵点 …………………… 119
　　第四节　提升民办学校内部治理能力的改进思路 …………………… 121

第七章　加强民办学校教师队伍建设 …………………………………… 125
　　第一节　加强民办学校教师队伍建设的基本做法 …………………… 125
　　第二节　加强民办学校教师队伍建设的主要成效 …………………… 132
　　第三节　加强民办学校教师队伍建设的问题堵点 …………………… 137
　　第四节　加强民办学校教师队伍建设的改进思路 …………………… 141

第八章　引导规范民办教育发展政策分析 ……………………………… 147
　　第一节　引导规范民办教育发展政策的基本情况 …………………… 147
　　第二节　引导规范民办教育发展政策的主要成效 …………………… 153
　　第三节　引导规范民办教育发展政策的现实难点 …………………… 156
　　第四节　引导规范民办教育发展的未来趋向 ………………………… 160

后记 ……………………………………………………………………… 165

第一章　加强党对民办教育的全面领导

坚持和加强党对民办教育的全面领导，引导规范民办教育发展，是深入贯彻落实党的二十大精神和习近平总书记关于教育的重要论述的实践要求。2023 年 5 月 29 日，习近平总书记在主持中共中央政治局第五次集体学习时强调，建设教育强国，必须以坚持党对教育事业的全面领导为根本保证。[①] 各级各类民办学校全面贯彻党的教育方针，坚持社会主义办学方向，落实立德树人根本任务，党的建设取得了积极成效，党的领导和思想政治工作得到不断加强。同时，展望教育强国建设的新征程，民办学校党的建设仍面临着新形势和新任务，以高质量党建引领民办教育高质量发展。

第一节　加强党对民办教育全面领导的具体实践

2023 年，全国共有各级各类民办学校 16.72 万所，占全国学校总数比例的 33.54%；在校生 4 939.53 万人，占全国在校生总数比例的 16.96%。[②] 作为我国社会主义教育事业的重要组成部分，加强党对民办学校的领导，是全面贯彻党的教育方针、落实立德树人根本任务的重要保障。

近年来，党中央高度重视民办学校党的建设和思想政治工作，通过修订相关法律法规、出台一系列政策文件，引导民办学校完善党建工作管理机制。2022 年 1 月，中办印发《关于建立中小学校党组织领导的校长负责制的意见（试行）》，明确要求发挥中小学校党组织领导作用，坚持把政治标准和政治要求贯穿办学治校全过

[①] 《习近平在中共中央政治局第五次集体学习时强调 加快建设教育强国 为中华民族伟大复兴提供有力支撑》，中华人民共和国教育部，2023 年 5 月 29 日，http：//www.moe.gov.cn/jyb_xwfb/s6052/moe_838/202305/t20230529_1061907.html。

[②] 《2023 年全国教育事业发展基本情况》，中华人民共和国教育部，2024 年 3 月 1 日，http：//www.moe.gov.cn/fbh/live/2024/55831/sfcl/202403/t20240301_1117517.html。

程，健全议事决策制度；党组织发挥战斗堡垒作用，履行党章和有关规定明确的职责任务"。① 随着多项政策举措的出台，民办学校党的领导和党的建设得到不断加强，有利于确保民办学校全面贯彻党的教育方针，推动各级各类民办学校落实立德树人根本任务，促进民办教育事业高质量发展。

各地各校加强党对民办教育的全面领导，坚持引导、规范并重，有力促进了民办教育事业可持续健康发展。各地各民办学校通过健全工作机制、创新工作举措等方式发挥党组织政治核心作用，推进党建与事业发展融合，加强师生思想政治工作，在加强党对民办教育全面领导方面开展了丰富且有益的实践探索。

一、发挥党组织政治核心作用

为充分发挥党组织政治核心作用，保证正确政治方向，落实立德树人根本任务，民办学校在学习贯彻习近平新时代中国特色社会主义思想主题教育的同时，还通过健全党建工作机制、强化思想引领、维护校园安全稳定等方式作出新探索。

第一，深入开展主题教育。近年来，众多民办学校扎实开展学习贯彻习近平新时代中国特色社会主义思想主题教育，推动学校事业发展。例如，昆明某学院坚持"全覆盖学习、全过程统筹、全链条落实、全方位践行"的工作布局，精心组织理论学习，潜心开展调查研究，大力推动发展，严格检视整改，形成了"覆盖'全'、强调'悟'、践行'用'、注重'实'、体现'真'、突出'廉'"等经验做法，并将其及时转化为长效机制，用实际行动深化和巩固主题教育成果。

第二，健全领导体制机制。各地在选派民办高校党委书记、加强督导考核培训、落实举办者党建工作责任等方面，进一步完善工作机制，落实党建工作第一责任人制度，推动党委聚焦主责主业，发挥政治核心作用。例如，山东省近年来已向 24 所民办高校选派党委书记 30 名，选派党建联络员 120 余名；不定期开展民办高校党建工作督导调研，并注重开展专题培训、工作观摩交流活动，落实党委书记第一责任人责任，凝聚党建工作合力，形成了一支奋战在山东民办高校党建工作战线上的"红色力量"。② 河南省举行全省首届民办高校董（理）事长谈党建工作论坛及现场观摩等特色活动，明确董（理）事长参与学校党建工作重点任务，支持党组织充分发挥政治核心作用，强化党建工作保障力度，持续加大党建经费投入，全面推进民办学校党

---

① 新华社：《中共中央办公厅印发〈关于建立中小学校党组织领导的校长负责制的意见（试行）〉》，中国政府网，2022 年 1 月 26 日，https://www.gov.cn/zhengce/2022-01/26/content_5670588.htm。

② 《山东选优配强民办高校党委书记加强党建工作——"红色力量"为民办高校"补钙"》，中华人民共和国教育部，2021 年 12 月 6 日，http://www.moe.gov.cn/jyb_xwfb/s5147/202112/t20211206_584988.html。

的各方面建设，提高党建工作水平。①

第三，强化政治思想引领。中办印发《关于加强民办学校党的建设工作的意见（试行）》明确指出，"确保民办学校按照党的要求办学立校、教书育人，把培育和践行社会主义核心价值观贯穿学校教育全过程"。广东制定出台旨在加强民办高校党的政治建设若干措施，严格规范中心组、第一议题、"三会一课"等制度，引导民办高校树牢"公办民办都是为党育人"的意识，坚持常态化政治思想引领，不断打牢思想理论基础。

第四，维护校园安全稳定。各地各校通过优化工作机制、加强防范处置等方式，聚焦筑牢意识形态安全防线，切实维护民办学校校园安全稳定。例如，陕西省出台《民办高等学校、独立学院、省属民办非学历高等教育机构年度检查实施办法（试行）》，将安全稳定突出问题，包括突发公共卫生事件、群体事件、安全事故防范处置及投诉举报处理等情况列入年检主要内容之一②，全面压实校园安全主体责任，坚决守住安全稳定底线，营造和谐稳定的育人环境。

二、抓好党的基层组织建设

党的十八大以来，各地民办学校积极探索有效路径，加强党的基层组织建设，激发工作活力，以"三级联创"为主要抓手，打造党建工作品牌特色，发挥组织优势，努力提高基层院系的组织力和思政引领力。

第一，健全党的基层组织体系。各地各民办学校树立大抓基层的鲜明导向，在组织机构设置、党建队伍力量配备等方面创新实践，初步形成一些各具特点的工作做法。如山东省夯实党建基层基础，每年组织党建专题培训、观摩交流活动，推动民办高校实现组织、队伍、活动、制度、保障"五基本"100%到位。同时，以党建"双创"为抓手，着力提升基层党组织政治功能和组织功能，民办高校8个党支部获评全国党建样板支部。③ 浙江某学院强基础、抓基层，不断延伸党支部的工作"手臂"，将支部建在交叉学科、专业团队和学生社区中，进一步健全基层组织体系，并制定《二级党组织建设标准》《基层党支部建设标准》，推动基层党建工作规范化，学校累

---

① 河南省教育厅：《河南省民办高校董（理）事长谈党建工作论坛举行》，河南省人民政府网，2023 年 5 月 4 日，https：//www.henan.gov.cn/2023/05 - 04/2735888.html。

② 陕西省教育厅：《关于印发〈陕西省民办高等学校、独立学院、省属民办非学历高等教育机构年度检查实施办法（试行）〉的通知》，陕西省人民政府网，2022 年 1 月 28 日，http：//www.shaanxi.gov.cn/zfxxgk/zc-wjk/szfbm_14999/xzgfxwj_15008/202209/t20220901_2249374.html。

③ 中国教育报专题：《以高质量党建引领民办高等教育高质量发展——全国民办高校党建工作推进会发言摘登》，载于《中国教育报》2023 年 12 月 23 日。

计获批全国党建工作标杆院系 1 个、样板党支部 3 个、"双带头人"工作室 1 个，基层组织力持续提升。

第二，激发基层党建工作活力。党建工作的活力在基层，最坚实的力量也在基层。民办学校积极探索基层党支部的设置方式，以争先创优活动为抓手，创新党支部设置，激发基层党建工作活力。如哈尔滨某学院在书院制公寓探索设立了省内首家功能型党支部，打通了公寓党建育人的"最后一公里"，促进学生思想状态、学习风气显著改观，多个党支部先后被评为国家样板党支部、省"百优"党支部、全省党建示范点等多项荣誉称号，有效发挥了党支部战斗堡垒作用。安徽某学院强化基层组织建设，实现党支部"双带头人"100% 全覆盖，学校 11 个党总支全部配备专职组织员，制定《安徽新华学院"强基础、提质量、创品牌"三年行动计划实施方案》，实施星级党支部认定工作，开展校级党建品牌建设，强化党员培养质量，让战斗堡垒更"强"、更"优"、更"亮"。

第三，推动基层党建争先创优。民办学校持续对标党建工作示范高校、标杆院系和样板党支部创建，结合民办学校办学实际，加大资源保障、机制创新、品牌打造的工作力度，持续推动争先创优。如厦门某院建筑科学与土木工程学院友善书院学生第一支部聚焦落实"七个有力"，实施"铸魂、强基、领航"三大工程，积极打造理论学习有深度、规范建设有力度、协作共建有广度的党支部，探索"党建 + 红色义教""党建 + 传统文化""党建 + 古建保护""党建 + 专业竞赛"等工作模式，创新党员培养机制和志愿服务形式，增强"红色引擎"推动力，发挥党支部在凝聚人心、推动发展等方面的战斗堡垒作用，顺利通过福建省首批党建工作样板支部的验收。黑龙江某学院经济学院党总支积极探索基层党组织建设的有效路径，以创建"标杆院系"为目标牵引，创新党建工作载体，实施"一支部一品牌、一支部一特色"，打造"初心 +""党史青年说""曙光导师"等特色品牌，先后被评为第三批"全国党建工作标杆院系"、黑龙江省高校先进基层党组织等荣誉。

三、推进党建与业务融合

一些地方学校通过健全党建工作体系，把党建工作融入学校人才培养、科学研究等中心工作之中，创新工作过程，探索实践路径，推动党建与学校事业发展精准内嵌、深度融合，引领各项工作高质量发展。

第一，丰富融合载体。推进民办学校党建与事业发展融合，首先要回答好"融合什么"的问题，部分民办学校对此开展了有益的实践探索。如长春某学院在组织建设、制度建设、队伍建设、组织活动、内部治理、校园文化六个方面，着力探索融合范式，形成了"一融双高、党建三同时、四大工程、五彩党建"的"一二三四五"党建工作体系，丰富党建与事业发展融合载体，激活党建"红色引擎"，持续推动学校教育事业高质量发展。陕西某学院通过把党建工作与学校治理、发展规划、干部人才、校园文化等深度融合的方式，在治理架构上提高领导班子决策能力、治理效能，从政治上把党的教育方针、党中央精神贯彻到学校发展规划具体实践中。同时，不断加强师德师风建设，提升教师队伍素质，以社会主义核心价值观引领校园文化建设，健全完善"四融合"机制，以高质量党建引领学校事业高质量发展。无锡某学院坚持"党组织和行政班子同步建设，党建工作与学校整体并重发展"的工作思路，聚焦增强党组织的政治功能和组织功能，不断健全二级学院党组织参与业务工作的机制，紧扣人才培养、学科专业建设、教学科研、管理服务等内容任务，将党建工作成效、党组织和党员作用发挥情况纳入考核评价体系，推动基层党组织工作与业务工作有机融合，健全党建引领事业发展的融合机制。

第二，创新融合过程。针对党建与业务"怎么融合"的问题，一些地方围绕人才培养、结对共建、校地融合等方面，尝试探索创新党建与事业发展融合的方式过程。如黑龙江省坚持民办高校与公办高校党建工作一个标准、一体推进，出台《关于推动高校党建与业务工作深度融合的若干意见》，推动民办高校找准党建工作与学科建设、人才培养、科技创新的结合点，同时深化结对共建机制建设，完成民办高校与公办高校 100% 党建结对共建，深化基层党组织结对 201 个，联合举办活动 260 余次，创新实践民办高校"一融双高"。① 浙江某学院创新治理体系，深化党建引领校地融合，推进校地双向赋能、双向培养、双向合作互动，打造校地命运共同体，累计共建党建共同体 23 个，覆盖所有二级学院，完成校地党建联建布局，实现"一学院结对一镇街""机关直通车"，探索联合党委、组团共建，实现党建引领校地融合载体全覆盖、多形式，赋能学校事业高质量发展。

第三，探索融合路径。各地各民办学校立足自身实际，通过构建体系、更新观念，尝试开辟党建与业务融合的新路径。如江西某学院加强党的建设，探索把党的政治优势、组织优势和群众工作优势转化为学校高质量发展优势，将党建融入发展理念、学校治理、校园文化和教育教学，推动构建"五融合"工作体系，即强化政治引领、实现思路融合，强化工作导向、实现目标融合，强化落地落实、实现机制融合，鲜明用人导向、实现力量融合，强化长效保障、实现考评融合，推进党建工作和事业发展同频共振、相融并进，为学校事业发展保驾护航。山东某学院坚持"围绕

---

① 《黑龙江省扎实推动高校基层党建提质增效》，中华人民共和国教育部，2022 年 9 月 14 日，http：//m. moe. gov. cn/jyb_xwfb/s6192/s222/moe_1739/202209/t20220914_660816. html。

中心抓党建、抓好党建促发展"的工作理念，加强党建引领，着力构建"1+3+N"党建工作体系，即聚焦"建设高水平职业技术大学"一个目标，推进"思想铸魂育人、师德强基固本、党组织标准化"三大工程，以党建结对共建为抓手，密切与省内多所高校联系，在人才培养、队伍建设、科研与社会服务等多个方面深度合作，打造职业本科教育的"齐鲁样板"，推动学校又好又快发展。

四、加强师生思想政治工作

党的十八大以来，以习近平同志为核心的党中央高度重视思想政治工作，各地各民办学校推动创建示范马院、贯通思政多元课堂融合，积极探索构建"大思政"体系，推进"大思政课"建设，创新思政育人模式。

第一，构建"大思政"育人格局。一些民办学校尝试贯通课堂内外、线上线下思政育人环境，探索构建"大思政"育人工作体系。如上海市推动民办高校在建设全国"大思政课综合改革试验区"过程中，鼓励民办高校加快"数字马院"建设，探索开展"全周期混合式教学"改革。江苏省强化思政工作队伍建设，设立"民办高校思政课分教指委"，在全省高校思政课教学展示活动中为民办高校单独开设赛道，发挥全国重点马院、全省示范马院、名师工作室和集体备课中心的辐射带动作用，切实增强民办高校师生主流意识形态认同。[①] 大连某学院优化"校—院—室"纵向三级联动协调机制，重点加强"党务干部、思政课理论教师、专职辅导员、班导师、心理健康教育教师、学生骨干"六支队伍建设，形成党委统一领导、党政齐抓共管、各部门协同配合的思政工作格局。武汉某学院着力构建"六个维度，五个力量，五育并举"的大党建、大思想政治工作和大思政课程体系，探索具有学校特色的全方位、全员、全过程育人的思想政治工作"六五五"模式。[②] 上海某学院坚持立德树人，将思政教育内容融入课程教学过程中，抓好课程思政建设；构建"以理想信念教育为核心，注重把劳模工匠精神与社会主义核心价值观、中华优秀传统文化相结合"的思政育人体系，发挥"三全育人"协同效应。北京城市学院党委聚焦提升教师政治素质，落实《北京城市学院教师理论学习制度》，强化一线教师的政治引领，严守师德师风标准，加强师德师风宣传教育，持续抓好教师思政工作，打造高素

---

① 中国教育报专题：《以高质量党建引领民办高等教育高质量发展——全国民办高校党建工作推进会发言摘登》，载于《中国教育报》2023 年 12 月 23 日。
② 中国民办教育协会：《武汉东湖学院构建思想政治工作体系"六五五"模式》，中国民办教育协会网站，2023 年 3 月 17 日，https://www.canedu.org.cn/site/content/7284.html。

质专业化教师队伍，为落实立德树人根本任务提供有力的人才支撑。①

第二，扎实推进思政课建设。陕西、河南等地民办高校在贯通多元课堂融合、丰富课堂思政元素等方面进行了有益探索。如陕西某学院推进课堂、校园、社会、网络"四个课堂"贯通融合，发挥"四个课堂"作用，凝聚学校"大思政"合力，推进"大思政课"建设，创新与探索思政课育人模式。② 河南某学院通过开发一批充满思政元素、能有效发挥思政功能的示范通识课、专业课和实践课，增添思政理论课程"魅力"，以多元课堂让思政课教学成为"风景"，使思想政治教育更具亲和力和感染力。③ 大连财经学院丰富"大思政课"形式，打造"尚德·鉴史·明理·筑梦"思政课教学品牌，抓好思政课主课堂教学，拓展社会实践教学场域，创新运用鲜活、沉浸互动式的教学方式，构建大思政课堂，以新媒体新技术赋能思政课，形成"四课联动"、紧密协作的思政课新范式。

第三，探索思政协同育人新载体。近年来，各地民办学校在探索"一站式"学生社区育人模式、引领塑造校园文化特色品牌等方面，积极发挥党建引领作用，加强和改进大学生思想政治工作。如广东某学院以党建引领作为学生社区建设主轴线，以学风建设与队伍建设作为学生社区建设的"两翼"，完善教育、管理和服务的"三轮驱动"工作机制，构建"一轴两翼三驱动""一站式"学生社区综合管理的三全育人模式，力争把"一站式"学生社区打造成思想政治教育工作的高地。武汉某学院对标全国文明校园"六好"标准，大力弘扬社会主义核心价值观，持续开展"最美校园"系列创建活动，积极培育文明细胞；坚持先进文化方向，增强校园文化"硬指标"和"软实力"，形成"红色""蓝色""绿色""夜色""古色""金色"等"六色校园"文化品牌，打造"立体化、多维度、广覆盖"社会主义先进文化育人平台载体，有效发挥校园文化浸润、激励与价值引领作用，提高党建思政工作质量。

第二节　加强党对民办教育全面领导的主要成效

近年来，各地各民办学校全面贯彻党的教育方针，结合校情实际，经过努力实践和创新探索，民办学校党组织政治功能不断强化，基层党组织建设更具活力，党建与

---

① 中国教育报专题：《以高质量党建引领民办高等教育高质量发展——全国民办高校党建工作推进会发言摘登》，载于《中国教育报》2023 年 12 月 23 日。

② 中国民办教育协会：《充分发挥"四个课堂"作用 凝聚学校"大思政课"合力》，中国民办教育协会网站，2022 年 11 月 2 日，https：//www. canedu. org. cn/site/content/7205. html。

③ 中国民办教育协会：《黄河科技学院：讲好用好新时代的"大思政课"》，中国民办教育协会网站，2022 年 9 月 7 日，https：//www. canedu. org. cn/site/content/7058. html。

业务融合持续推进，师生思想政治工作针对性逐步增强。

一、民办学校党组织政治功能持续强化

党的十八大以来，随着新修订的《民办教育促进法》《民办教育促进法实施条例》等法律法规的颁布和一系列政策文件的出台，为加强和改进党对民办教育事业的领导提供了制度依据和保障。民办学校深入发挥学校党组织政治核心作用，开展学习贯彻习近平新时代中国特色社会主义思想主题教育，稳步提升党组织政治思想引领力，将安全稳定责任扛牢于肩，党组织政治功能持续强化。

第一，学习贯彻习近平新时代中国特色社会主义思想主题教育扎实有效。在全党深入开展学习贯彻习近平新时代中国特色社会主义思想主题教育，是贯彻落实党的二十大精神的重大举措。民办学校牢牢把握"学思想、强党性、重实践、建新功"的总要求，紧扣主题教育的根本任务，将主题教育和学校中心工作有机融合、一体推进，取得积极成效。如哈尔滨某学院聚焦"八个一"，即研读一批必读书目、落实一项重要制度、编印一套学习资料、举办一期读书班、开展一系列集体学、讲好一堂专题党课、推动一次全覆盖学、创建一个 AI 党建学测平台，主题教育工作整体上推进有序、成效显著，理论学习逐步走深走实。[①] 武汉某学院一方面推动理论学习，另一方面念好"实"字诀，用好"三会四访"（即用好师生座谈会、校务委员会、专项工作会"三会"和干部访谈教师、教师访谈学生、学校访谈企业、家访慰问"五困生""四访"），深化调查研究，倾听师生心声，解决了师生学习生活中的一些急难愁盼问题，以实际行动落实立德树人根本任务，践行"为党育人、为国育才"初心使命。

第二，稳步提升党组织的政治思想引领力。民办学校党组织需发挥好政治核心作用，这要求民办学校加强政治建设，强化政治思想引领，筑牢政治保障，把牢社会主义办学方向。上海、辽宁部分高校围绕发挥党组织政治功能和组织功能，加强党对学校事业发展的全面领导。如上海市民办高校扎实开展学习贯彻习近平新时代中国特色社会主义思想主题教育，深化"三全育人"，推动民办高校建立完善思政工作领导体系、落实体系与评价体系。上海某学院坚持党管人才原则，落实师德师风第一标准，加强政治引领，弘扬高尚师德，培养高素质教师队伍，以高质量党建引领学校师德师风建设。[②] 沈阳某学院党委认真贯彻落实党的二十大精神，增强政治功能和组织功

① 哈尔滨剑桥学院：《哈尔滨剑桥学院：聚焦"八个一"，促进主题教育理论学习走深走实》，全国高校思想政治工作网，2023 年 5 月 26 日，https：//www.sizhengwang.cn/a/gzdt_zxlb/230526/1517521.shtml。

② 朱绍中：《以高质量党建引领民办高校师德师风建设》，上海杉达学院信息公开网，2023 年 6 月 8 日，https：//xxgk.sandau.edu.cn/2023/0608/c5053a63200/page.htm。

能，主动及早发现和培养在党外发挥作用的年轻优秀人才，加强对留学回国人员的形势政策教育，将党外代表人士队伍建设纳入干部队伍建设和人才工作总体规划，构建学校大统战工作格局，提高统一战线工作的有效性、针对性，为学校事业发展凝聚人心、汇聚力量。

第三，将学校安全稳定责任扛牢于肩。民办学校党组织要扛牢学校意识形态工作的政治责任，应把好办学方向，着力守好立德树人主阵地，确保校园育人环境的和谐安全稳定。江苏省修订《全省教育系统贯彻落实〈党委（党组）〉意识形态工作责任制实施办法》，坚持把落实意识形态工作责任制情况纳入民办高校党组织书记抓基层党建工作述职评议考核和年检要求。每年印发高校意识形态安全工作指引和教育系统安全稳定风险隐患预警清单，建立定期分析研判和情况报告制度，开展民办高校思想政治工作专项检查督导，推动民办高校找问题、排风险，提高民办学校防范处置能力，保障校园安全稳定。

二、民办学校基层党组织建设扎实推进

提升民办学校党组织政治功能和组织功能，关键在于有效破解基层党建难题。《中国共产党普通高校基层组织工作条例》明确提出，院（系）单位党组织应当履行政治责任，发挥保障监督作用，加强自身建设，把好重要工作的政治关。近年来，各地各民办学校创新方式方法，完善工作机制，在基层组织建设上取得了一些进展。

第一，民办学校基层党建工作基础牢固。近年来，各地民办学校健全完善基层党组织机构设置，配齐配强工作队伍，基本实现组织和活动"两个全覆盖"，以强有力的基层党建工作驱动学校事业持续健康发展。如广东某学院通过规范组织机构设置，实现基层党组织建设全覆盖、教工党支部书记"双带头人"全覆盖，创新实施"优秀党员教师联系班级制"，壮大思政工作队伍。在校内开展基层党建巡察工作，梳理短板，按照"五个到位""七个有力"的要求，不断强化党的基层组织建设，大力开展基层党组织书记示范培训和创先争优工作，先后被授予"广东省'两新'百强基层党组织""广东省教育系统南粤校园模范基层党组织"等荣誉。武汉某学院通过强覆盖、强基础、强队伍、强示范，坚持党组织设置与事业发展同步规划，将支部建在一流专业、重点学科及优秀基层教学组织上，实现党组织"有形覆盖"和"有效覆盖"相统一，探索"名师＋支部""团队＋支部""项目＋支部"等工作模式、校企党支部共建，激发基层党建融入业务工作的动力和活力，提高学校事业发展内驱力，提升基层党建工作效能。

第二，基层党支部战斗堡垒作用发挥有效。部分地方和学校对标先进单位，通过

优化工作机制、加大规范化建设力度，有效发挥了党支部战斗堡垒作用和党员模范带头作用。如上海市推进基层党建标准化规范化，实施"双创计划""攀登计划""双带头人"计划等，促进民办高校党建工作更加规范。上海某学院聚焦党的基层组织建设，通过优化二级学院基层党建工作机制，健全"三会一课"和主题党日等组织生活制度，实施"7＋3"组织生活模式。同时，实施基层党建"质量工程"，坚持开展党建"双优"活动，完善上海党建工作特色的创建工作，学校多个二级学院、党支部先后入选全国高校标杆院系和样板党支部，不断提升了学校基层党建工作质量。[①] 江苏某学院完善校院两级管理体制，推动管理重心下移，院系的办学主体地位和作用更加明晰，组织能力得到进一步提升。同时，把学校重点任务作为党组织发挥战斗堡垒作用的聚焦点和发力点，通过开展"对标争先"建设计划、党支部建设"提质增效"行动计划，有效发挥了基层组织作用，服务学校改革发展大局。

第三，新时代高校党建"双创"引领有力。2018 年以来，教育部累计开展四批新时代高校党建示范创建和质量创优工作的遴选和培育创建工作，已获批培育创建的民办高校发挥了辐射带动作用，党对民办高校全面领导的组织体系和制度体系得到进一步完善。如陕西某学院坚持"围绕中心抓党建，抓好党建促发展"的工作思路，建立健全了党委参与决策、监督保障、利益协调机制，形成了符合民办高校实际的党委工作体制机制。同时，围绕立德树人根本任务，以思政课为主渠道、以"学院＋书院"为工作机制，构建教书育人和管理服务育人一体的"三全育人"模式，打通了育人"最后一公里"，初步形成"大思政、大德育"的工作格局，学校获批为全国民办高校中唯一的首批"全国党建工作示范高校"。

三、民办学校党建与业务发展渐趋融合

教育部思想政治工作司 2023 年工作要点提出，要推进党建与事业发展深度融合，以高质量党建引领高质量发展，探索党建与事业发展"一融双高"的工作路径。各地各民办学校积极探索"党建＋"融合载体，在"一融双高"理论探讨和工作实践中，统筹一体推进党建和业务工作，形成了一些工作亮点和具体经验。

第一，党建与业务工作互融互促更为精准。部分民办学校在组织机构、治理制度等方面，推动党建与学校中心工作精准对接，丰富党建与业务发展融合内容，为

---

① 上海剑桥学院：《以高质量党建引领高质量发展》，建桥新闻网，2022 年 3 月 29 日，https：//news. gench. edu. cn/_t123/2022/0329/c2090a113526/page. htm。

实现"一融双高"目标夯实载体支撑。如河南某学院坚持党建引领把方向，在办学方向、工作机制、基层组织、人才队伍四个方面，推动党建与学校事业发展深度融合。一是在把牢方向、夯实发展根基中深度融合，学校自办学以来，坚持社会主义办学方向，坚持正确的政治方向和育人导向，全面贯彻党的教育方针，把讲政治的要求落实到办学治校等各个方面。二是在健全机制、完善内部治理体系中深度融合，学校修订党委会、理事会、校长办公会、党政联席会等议事规则，完善责任落实机制，在各尽其责中形成与事业发展相互促进的长效机制。三是在强化基层、建强战斗堡垒中深度融合，将党支部设置在教学科研与管理一线，搭建党建精准对接中心工作的各类载体，把党的领导融入业务工作全过程。四是在抓好队伍、增强业务本领中深度融合，实施"双带头人"培育工程，推荐党务干部与业务干部双向兼任，注重培养政治引领能力和实际工作能力，以高素质人才队伍推动党建和事业发展互融互促。

第二，党建与重点工作融合成效逐渐凸显。部分民办学校主动创新党建与业务工作融合方式，倡导新工作理念，搭建党建工作新格局，工作质效得到较大提升。如浙江某学院党委通过"四坚持四确保"，即坚持党建引领、铸魂、强基和聚心，确保党的政治领导、思想领导、组织领导和育人导向，形成四级决策体系，使党的领导有机融入学校决策的各个层级，树立"一切工作到支部"的工作理念，实现党建和学科建设、人才培养、师资队伍建设的深度融合和同步提升。① 大连某学院紧扣促进党建与业务工作深度融合的总体目标，创新搭建"135"党建工作格局，即坚持"党建引航、组织引导、党员引领"这一核心理念，推动党建工作融入"德育实践工作、养成教育工程、朋辈教育工程"，实施"科创立校、内涵建校、思政润校、互融兴校、文化荣校"五大战略，提升了党建工作质效，增强党建工作引领力，有力推动了学校事业发展。

第三，党建与学校事业发展的融合体系逐步健全。一些民办学校立足于自身组织架构、治理体系、办学特色等实际情况，不断融合创新路径，党建与事业发展深度融合机制不断优化完善。如厦门某学院全面贯彻党的教育方针，逐步构建党建思政与学校事业发展融合体系，形成了"12345N"融合发展路径，即聚焦发挥政治核心作用这条主线，推动党建与改革发展双向融合、健全"三全育人"工作体系，形成传承"红色·公益·绿色·数字"文化的实践育人体系，贯彻"领航、融合、服务、创新、奉献"的五项工作理念，推动 N 项党建品牌矩阵建设；学校党委政治核心作用

---

① 宋斌、王琳华：《党委书记章清在民办高校党建与事业发展深度融合交流推进会上作交流发言》，浙江树人学院，2023 年 5 月 29 日，https://www.zjsru.edu.cn/info/1091/14568.htm。

显著发挥，基层党组织战斗堡垒作用日益稳固，党员引领示范作用成效愈加明显。武汉某学院树立"融入中心抓党建，抓好党建促发展"的党建工作思路，坚持谋划、督导、考评协同发力，以"三个同步提升"推动学校事业发展，即同步提升思政育人和学科专业育人水平、同步提升师德师风和教育教学水平、同步提升党建服务中心大局和服务地方经济社会发展的能力，推动党的建设覆盖办学治校全过程、贯穿人才培养各环节，实现党建与业务双融互促发展。

四、民办高校师生思想政治工作初见成效

加强和改进高校思想政治工作，是一项重大的政治任务和战略工程。民办高校是我国高等教育体系的重要组成部分，加强党的全面领导，坚持社会主义办学方向，牢牢掌握思想政治工作主导权，抓好学校师生思想政治工作，有利于民办高校事业持续健康发展。近年来，各地各民办学校发挥自身优势，创新育人模式，加大保障力度，思政课教师队伍水平已明显提升，思想政治工作成效初步彰显。

第一，具有民办学校特色的"大思政"育人格局基本形成。构建符合本地本校实际的"大思政"工作格局，是加强思想政治教育的关键举措。如辽宁某学院以建设集"四史"教育、英模人物事迹、国防与军事训练体验等功能于一体的马克思主义中国化传承体验馆（红馆）为依托，打造红色综合教育实践基地，将思政课堂搬到"红馆"进行现场教学，打造现代化沉浸式的思想政治教育实践课堂，厚植爱国情怀，塑造特色育人品牌，思想政治教育亲和力、针对性得到进一步增强。学校2022 年入选教育部高校思想政治工作创新发展中心。[①] 大连东软信息学院通过将党支部建在专业上来建立一体化基层党组织运行体系，依托 TOPCARES 和混合式教育教学改革来建立一体化人才培养体系，将学校产教融合优势和本省"六地"红色教育资源相融合，共同设计与专业课紧密衔接的一体化"4322"素质教育体系。同时，对学生素质锻炼、社会实践、劳动实践赋予素质教育学分来完善一体化评价体系，推动思想政治教育与专业教育全面融合，实施一体化育人模式，初步形成具有本校特色的"大思政"工作格局。

第二，思政课主渠道作用有效发挥。思想政治理论课作为思想政治教育的主课堂、主渠道，在思政育人工作体系中发挥着重要作用。如天津某学院在民办高校中率先成立马克思主义学院，在天津市"大思政课"建设综合改革试验区项目中分别荣

---

① 徐嘉：《让每个学生的梦想都开花》，光明网，2022 年 10 月 10 日，https：//topics. gmw. cn/2022 - 10/10/content_36077102. htm。

获思想政治理论课红色资源教学中心、高校思政理论课实践教学改革试点、思政理论课重大攻关三个项目。同时，在思政课教师培训培养与激励考核、思想政治工作方式创新等方面，取得了积极成效。郑州某学院坚持党建领航，制定《"领航"育人工程实施意见》，用习近平新时代中国特色社会主义思想引领办学、人才培养和教师队伍建设航向，完善思想政治工作体制机制，先后实施"春雨计划""领航""书香郑科""三铸"等育人工程，积极构建以"思政课＋课程思政"为第一课堂、以"校园文化活动＋志愿服务"为第二课堂和以"融媒体＋育人"为第三课堂的"三课堂"联动育人模式。同时，创新思想政治教育形式，丰富思想政治教育内容，投资 1 000 多万元建立思政课体验教学中心，将现代信息技术与思政教育深度融合，提高思想政治教育效果。

第三，思想政治教育质量不断提高。各地民办学校通过创新协同育人模式，打造思政特色，擦亮育人品牌等方式使思政工作水平和质量快速提升。如河北某学院马克思主义学院发挥学科优势和专业特色，结合学校"大思政"育人体系，加强学科建设和课程思政建设，逐步形成"五融五建"育人工作大格局，以高质量党建聚力赋能构筑大思政育人格局。湖南某学院突出"党建＋育人"工作重点，发挥新信息技术优势，优化思政课堂新场景，贯彻"三全育人""五育并举"湖南共识，打造"红船""红亭""红太阳广场""聚思园""共青园"等思想政治工作品牌，逐步形成"一院一品""一园一特"思想政治工作特色，推出了"湘信艺力量""湘信商英"等一批受到学生喜爱的新媒体品牌，有效提升了学校党建思政工作水平，先后获得全国民办高校党建与思想政治工作成果一等奖等荣誉。

第三节　加强党对民办教育全面领导的问题难点

当前，党对民办教育的全面领导持续加强，各级各类民办学校党的建设取得了积极进展，但同时民办学校在党组织的政治核心作用、党建工作队伍、"一融双高"工作成效、思政协同育人合力等方面，仍存在一些差距，加强党对民办教育的全面领导还面临着一些有待解决的难点。

一、党的政治核心作用有待充分发挥

新时代党对民办教育的领导不断加强，党组织的政治功能得到进一步强化，在举旗定向、凝聚力量、推动发展等方面发挥了重要作用，同时，面临着主题教育成果有

待转化、党建管理体制还需健全、政治核心作用需有效发挥等新挑战。

第一，主题教育成果还需进一步深化巩固。2023年，民办高校深入开展学习贯彻习近平新时代中国特色社会主义思想主题教育，深学细悟新思想，凝心铸魂强党性，比学赶超建新功，加快推动学校各项事业发展。但存在着理论学习不够系统、深入，与学校中心工作结合还不紧密，学校政治学习氛围还不太浓厚，学习培训还有待进一步规范，调研选题还不够聚焦，检视整改缺少监督跟进，闭环管理环节还有待改进等不足，民办学校党员干部还需提高运用党的创新理论更好指导实践、推动工作的能力。

第二，党建工作管理机制仍需优化健全。由于民办学校在干部管理体制、办学资金来源、内部治理结构等方面的差异性，党建工作依然存在着如何建、谁来管、如何管等突出问题，保障机制、领导机制、评价机制等工作机制不够完善，工作体系不健全。一些民办学校举办者和管理者对党建的重视程度不够、认识不足，制约着党组织负责人推动党建工作的积极性、能动性，影响党的领导在学校内部治理基层一线的贯彻落实，工作连贯性、体系化不强。

第三，党的政治核心作用发挥仍有差距。《关于加强民办学校党的建设工作的意见（试行）》明确规定了民办高校党组织的职责，体现在发挥政治核心作用，集中在保证政治方向、凝聚师生员工、推动学校发展、参与重大决策、引领校园文化等方面。与公办高校党建工作相比，一些地方对民办学校党建的重视程度不够，部分学校党组织的政治功能和组织功能仍不够理想。在体制机制上，部分民办学校虽基本实现双向交叉任职、党组织负责人进入董（理）事会、注重开展党政联席会议等顶层制度设计，但党委与董（理）事会和监事会的沟通机制、重大事项协商机制等方面仍不够健全，党组织参与学校决策与监督的路径和程序还不够明晰，在工作实践中民办学校党组织话语权不足，在学校事业发展中实现"把方向、谋全局、促发展"的目标还有一定困难，党组织政治核心作用发挥受到一定程度的限制。

二、党建工作队伍有待加强

民办学校在推进以党建引领基层治理方面取得了一些成绩，部分学校逐步形成典型经验与工作特色，发挥了院系党组织战斗堡垒作用。但同时也存在着党组织工作队伍不够有力、党组织作用发挥不足和党员先锋模范作用不够凸显等短板。

其一，院系党建工作队伍还不够有力。一些地方的民办高校院系党组织工作队伍力量不强，人员交叉兼职较多，客观上导致相应人员投入工作的精力有限，开展工作的质量和效率还有待提升。同时，部分学校还存在着重业务、轻党建的现实问题，党建工作机构设置较为精减、部门合署常见，组织架构尚不完善，党的组织和活动还没有实现"纵向到底、横向到边"的全覆盖。此外，党建工作队伍不够稳定，工作队伍培训缺少长远规划和专门培养，党建工作队伍在数量和结构上还存在一些不足，部分民办高校党建的工作基础还需加快夯实。

其二，基层党组织作用发挥不足。基层是民办学校党的建设与思想政治工作的"神经末梢"，也是当前民办学校党建工作的薄弱点。一些地方的民办学校部分程度上存在着"上热、中温、下凉"的"温度差"难题，院系党建工作机制、保障制度、党员教育管理模式仍需持续完善与创新，民办学校二级党组织战斗堡垒作用发挥不足，在学科专业建设、教学科研管理等方面基层党组织的政治功能还不够凸显。

其三，党员先锋模范作用不够凸显。当前，一些民办学校党员教育管理与引导工作力度不够，"重业务、轻党建"的固有观念还不同程度地存在，在学校教育教学与管理工作中，师生党员先锋模范作用发挥不够凸显、不够有力。民办学校发挥党员先锋模范作用的工作机制还不健全，参与创建党建工作项目和品牌的主动性、积极性不高，工作举措单一，基层党建工作项目与品牌建设基础还较为薄弱，党员先锋模范作用发挥需要进一步加强。

三、党建与事业发展融合的成效还不凸显

始终坚持党的领导，牢牢把握社会主义办学方向，民办学校须答好"一融双高"这一时代命题。各地各校在推进党建与事业发展深度融合的工作实践中，取得了一些成绩，形成了一些特色亮点，但在融合机制、融合深度实效、载体形式上还存在一些不足。

第一，融合机制还有待健全。在融合机制上，民办学校党委书记通过法定程序进入董（理）事会，行政班子成员进入党委班子，实现了党政交叉任职，但在一些民办学校的工作实践中，更为注重交叉任职的形式，党组织与董（理）事长、校长的日常沟通协商机制还不太健全，党组织参与学校决策与监督的程序以及党委与董（理）事会、校行政之间的协商流程不明晰。部分民办学校党组织机构的设置与业务、行政、服务机构还不完全对应，内部管理运行中仍存在不少堵点，在推进党建与业务工作深度融合的过程中，力量汇聚效应还不彰显，实践探索经验还需进一步凝练提升。

第二，融合程度还不够深入。在融合内容上，党建嵌入业务工作缺少支撑点，覆盖面窄，部分民办高校党建与业务工作"两张皮"现象依然存在，并未达到实质性引领事业发展的预期。同时，一些地方教育行政部门在民办学校审批、登记、备案、

年检等管理环节还没有与其党建工作成效紧密挂钩，党建与业务融合的外部动力不足。此外，部分民办学校的基层党建工作仍存在不少薄弱环节，师生党支部这一"神经末梢"不畅通，党建与业务统一融合的内生动力不强，两者不衔接或脱节，直接影响了融合深度和实效。

第三，融合载体不够丰富。围绕中心抓党建，需要找到有效的着力点和嵌入点。当前，一些地方对民办学校党建重视程度不够、政策支撑支持仍有不足，推动民办学校党建与业务融合的有力抓手较为缺乏。部分民办学校对推进"一融双高"的思想认识不到位，缺少相应的协商沟通机制，党建与业务深度融合缺少基础支撑点，融合载体多体现在思政课建设、校园文化培育、安全稳定保障等方面，尚未达到多点融合、以点带面的示范效应。民办学校党建与业务深度融合的模式创新实践不足，以融合促学校事业发展的工作成效还不够彰显。

四、思政协同育人合力尚需凝聚

近年来，民办学校党建思政工作取得了积极建设成效，思想政治理论课实现了全覆盖，教学科研二级机构基本健全，思想政治工作针对性、亲和力增强。同时，民办学校思政工作在队伍综合素质、思政协同育人合力与师德师风建设等方面还存在一些短板和弱项。

一是思想政治工作队伍素质仍需提升。在思政课教师队伍方面，民办高校贯彻教育部《新时代高等学校思想政治理论课教师队伍建设规定》要求，按照师生比不低于 1：350 的比例，基本配齐专职思政课教师队伍，但大多数教师入职时间短，教学技能与经验不足，教学的思想性、理论性不够强，教师教学能力和水平需要进一步提升。在辅导员队伍建设方面，民办高校一直在加大引进力度，配齐建强专职辅导员队伍，但同样也存在一些短板。如民办高校辅导员队伍不够稳定，专业化、职业化水平不高，面向辅导员的针对性培训不多，学校制定的部分激励政策正向效果不太明显，思想政治工作队伍的整体素质与能力有待提升。

二是思政协同育人合力还需强化。各地各民办学校在构建"三全育人"体系、汇聚协同育人资源等方面取得进展的同时，在建设协同育人平台、打造协同育人环境等方面仍有差距。部分民办学校在完善思政工作"责任链条"时，没有形成"工作闭环"，全员协同参与的责任体系尚未完全形成，专业课程与思政课程协同互补效应还不凸显，教师力量和专门工作队伍力量协作意识有待进一步加强，协同育人力量还需尽快凝聚。

三是师德师风建设尚未形成长效机制。由于民办学校缺少事业编制、工作待遇相对不高等问题，部分民办学校教师流动性大、不稳定问题较明显，师德师风建设存在客观困难，民办学校在关于师德师风建设的思想观念、工作举措、制度机制等方面与公办学校相比仍有差距。此外，个别民办学校师德师风问题频发，师德教育形式单一，师德评价体系还不健全，党员教师先锋模范作用发挥还不够明显，民办学校教师工作部履职尽责能力还需进一步加强，党委统一领导、各相关单位各司其职的师德师风建设机制还需健全完善。

第四节　加强党对民办教育全面领导的改进思路

聚焦新时代加强党对民办教育全面领导的新任务，基于当前各类民办学校党的建设所存在的突出问题和不足，各地各校须坚持问题导向，强化党组织政治功能，创新丰富党建业务融合载体，构建"大思政"育人格局，夯实基层党建工作基础，持续加强党对民办教育的全面领导，以实现民办教育事业高质量发展。

一、强化政治功能，充分发挥党组织的政治核心作用

当前，全面加强民办学校党的建设，需深化巩固开展学习贯彻习近平新时代中国特色社会主义思想主题教育成果，坚持以党的政治建设为统领，进一步健全民办学校内部治理结构、完善工作机制，有效并充分发挥党组织政治核心作用。

第一，深化巩固主题教育成果，加强党建引领事业发展。各地民办学校需总结提炼开展主题教育以来积累的工作做法与经验，一方面要在理论成果转化上下功夫，运用创新理论提升政治能力、实践工作能力，直面学校事业发展中的堵点难题，剖析问题成因，发挥深入一线调查研究的优良作风，立行立改，将主题教育中的好经验好做法转化为创新工作、有效解决问题的长效机制；另一方面要在推动整改上下功夫，检视整改是主题教育的根本任务之一，民办学校需围绕人才培养中心工作，从思想认识、制度机制、管理末梢等方面持续发力，深化整改落实，以实践行动不断深化和巩固主题教育成果，推动学校事业高质量发展。

第二，完善内部治理结构，推进党建工作体系化规范化。各地民办学校要优化健全党组织结构，规范学校党建工作部门和二级学院基层党总支等组织机构设置；学校党组织需扛牢管党治党主体责任，聚焦主责主业，加强学校党委、二级学院党总支、基层党支部三级组织体系的规范化、标准化、科学化建设，为构建党建工作体系提供组织保障。民办学校要完善内部决策与监督机制，对照《民办学校党建工作重点任务》，细化明确党组织研究决定、参与研究及政治把关的具体事项，不断健全党组织

参与决策和监督制度，确保党的领导贯穿办学治校全过程，全面落实党组织参与决策与监督职能；探索完善党组织负责人与董（理）事长、校长之间定期沟通协商机制或联席会议制度，完善符合民办学校实际的"三重一大"事项协商决策制度，防范民办学校过于侧重机制灵活与工作效率等优势而导致的潜在风险隐患，为推动民办学校党建工作体系建设提供机制支撑。此外，学校要严格党建工作分级责任制和考核述职评议机制，将基层党建"软任务"转变为"硬指标"，在完善内部组织结构的基础上，健全运行与监督机制，优化内部治理体系，构建更为规范、更富成效的党建工作体系。

第三，加强政治统领，有效发挥政治核心作用。各地民办学校需加强党对民办学校的全面领导，需以党的政治建设为统领，持续完善健全党的领导组织体系、制度体系和工作机制。《中国共产党普通高等学校基层组织工作条例》指出："把党的领导落实到高校办学治校全过程各方面，确保党的教育方针和党中央决策部署得到贯彻落实。"[①] 党对民办学校的全面领导的首要关键是举旗定向，坚定执行党的政治路线，坚持党的领导与依法治校有机统一，如落实组织、宣传、统战"三长"进入党委班子，推动党政联席会议制度等议事规则落地见效，保证党组织在学校事业发展中的重大事项决策与监督环节发挥有效作用，以高质量党建引领事业高质量发展，全面贯彻落实党的教育方针。此外，民办学校需要加强政治建设，持续强化思想引领，组织全体党员全面学习贯彻习近平新时代中国特色社会主义思想，筑牢广大师生党员干部理想信念根基，强化政治责任担当，提升履职胜任能力。

二、丰富内容载体，促进党建与学校事业发展深度融合

推进党的建设与学校事业发展深度融合，以高质量党建引领学校事业高质量发展，民办学校需健全完善内部工作机制，创新并丰富融合内容载体，避免出现"两张皮"现象，实现党建与事业发展互促共融。

第一，完善融合机制，加大党建业务融合的制度保障力度。各地民办学校需强化党建引领优化民办学校内部治理体系，在实现党政领导班子"双向进入、交叉任职"的基础上，立足学校实际校情，聚焦落实立德树人根本任务和人才培养中心任务，优化党政部门机构设置，建立健全"四双"工作机制、"一岗双责"和"四同步"等制度，工作中做到党建工作与教学科研工作一同谋划、一同部署、一同推进、一同考

[①] 新华社：《中共中央印发〈中国共产党普通高等学校基层组织工作条例〉》，中国政府网，2021 年 4 月 22 日，https：//www.gov.cn/zhengce/2021 – 04/22/content_5601428.htm。

核，汇聚学校内部党政工作力量，促进思想融合、组织融合、力量融合、制度融合。同时，健全党建业务融合共促的议事决策机制，推进依法治校、依法治教，建立完善董（理）事会、党委会、校务会等机构议事规则，厘清各治理主体的权责边界，结合民办学校实际，贯彻落实好党管干部、党管人才原则，理顺党组织参与办学治校过程中的决策与监督体制机制，推动民办学校党组织、董（理）事会、校行政同心同向、同频共振，为实现民办高校党建工作"一融双高"工作格局提供制度保障。

第二，推动精准内嵌，有效提高党建与事业发展融合深度。在组织架构层面，各地民办学校需对照《民办学校党建工作重点任务》，创新治理结构，坚持和完善党组织、董（理）事会、校行政"双向进入、交叉任职、三向融合"，基于职责功能，将党的领导融入学校内部治理架构，将党员岗位设置到教育教学基层单元，打通党建业务融合的"最后一公里"。在运行机制层面，落实落细"五同"要求（即党建与业务工作同部署、同推进、同检查、同整改、同考核），健全二级院系党政联席会议制度，强化党建思想引领，完善重要事项协同会商、重要任务协力推进机制，营造科学民主决策氛围。紧扣高校人才培养、教学科研等大学职能，推动党建精准有效内嵌于教学科研、管理服务各方面各环节，切实把正确的政治方向、价值导向贯穿办学治校、育人全过程，将党组织的政治功能和组织功能延伸到人才培养、学科建设全过程。

第三，丰富载体模式，构建民办学校"一融双高"新格局。各地民办学校须探索党建与业务工作双融合模式，推动"党建＋人才培养"，挖掘积极的育人元素，将"三全育人"理念贯彻落实办学治校全过程，充分发挥党建育人优势；实施"党建＋队伍建设"，通过采取党员示范引领、争先创优、结对培养等举措，发挥党组织政治功能，彰显党组织的组织号召力，凝聚师生人心，汇聚发展合力；构建"党建＋校园文化"工作体系，立足民办学校各自特有的校情文化，紧扣党建工作主题，推动党的创新理论成果"三进"工作，培育鲜明积极的校园文化。同时，通过丰富党建与事业发展共融互促的载体与模式，以党建引领人才培养，推动将组织优势、人才优势转化为发展优势，引领塑造校园文化，凝聚学校师生员工，创建党建工作品牌，提升思政育人水平，丰富"党建＋"载体，有效推行"党组织＋""党员＋"模式，促进党建与业务工作深度融合，引领推动学校人才培养、教学科研、产教融合等工作高质量发展。

三、加强多维联动，凝聚思政协同育人合力

紧扣新时代立德树人根本任务，民办学校须立足校情实际，在提升思政工作队伍素质、构建思政育人体系和完善师德师风长效机制等方面持续发力，汇聚工作合力，推进协同育人，以增强师生思政工作的针对性和有效性。

第一，加强队伍理论武装，提升思政队伍工作能力。各地民办学校一方面需坚持党委会"第一议题"制度、"三会一课"制度，坚定理想信念，深刻领悟"两个确立"的决定性意义，增强"四个意识"，坚定"四个自信"，做到"两个维护"，持续运用习近平新时代中国特色社会主义思想等党的创新理论成果来武装党建工作干部队伍的头脑思想。另一方面需加大制度、经费、场地等资源保障，对教师队伍和专门工作力量开展分类专题培训，提升思政工作队伍职业素养，提高思政课教学队伍教学能力，坚持课程思政和思政课程同向同行，充分发挥思政课程课堂的主渠道作用。同时，丰富培训进修的载体形式，构建校本立体化培训体系，提高专职辅导员队伍的专业化职业化水平，深化思政工作队伍理论武装，提高队伍履职尽责能力。

第二，完善协同育人机制，凝聚育人合力。当前，民办高校需着力在构建一体化育人体系上下功夫，实现纵向维度上的校院联动、横向维度上各职能部门协同合作，配齐建强队伍，强化资源平台整合，融通专业教育与思政教育，在搭建教学体系过程中渗透思政元素，促进专业教师与专职辅导员的密切协作。同时，强化家校双向联动、校内外贯通、线上线下结合，化解协同育人过程中堵点难点，从机制、资源、平台、队伍等方面持续凝聚思政工作合力，把思想政治教育贯穿教育教学全过程。此外，大力推进课程思政建设，发挥专业课教师的育人主体作用，将思想政治教育目标融入专业知识教学目标，把知识传授与价值引领有机统一结合，协同构建有效的多元立体育人体系。最后，持续创新育人管理模式，因地制宜深化书院制改革，探索"书院+学院"党建协同育人路径，实现"双院"双轨并行、互为补充，推动将党政干部、思政课教师、通识课教师和教师党员充实到书院的育人队伍，汇聚协同育人力量，以党建引领书院内涵建设，夯实基层党建工作基础，提高思想政治教育质量。

第三，严格责任落实，健全师德师风建设长效机制。民办学校需在师德师风上提高思想认识，加强教师主流价值观教育引导，提升思想政治站位，亮明师德"红线"、守牢师风"底线"，弘扬教育家精神，鼓励思政教师争做"四有"好老师。同时，在工作机制上创新探索，将师德师风列为教师引进、选聘、培养培训、考核考评、职称晋升等工作的重点环节，强化教师工作部业务主体责任，创新探索师德教育方式方法，通过专题讲座、岗前培训、特色团建、选优评先等举措，开展具有较强针对性的师德主题实践活动，提高民办学校教师思想政治教育的有效性，完善学校教师"红专"发展的长效工作机制。

四、加大保障力度，激发基层党建工作活力

针对基层党组织战斗堡垒作用发挥不突出等问题，民办学校需持续加大对党建队伍、工作经费等工作的保障力度，夯实基层院（系）组织基础，打造党建工作品牌，推进"三级联创"，从而激发民办学校基层党建工作活力。

第一，加强组织力量，夯实基层党建工作基础。各地民办高校需优化规范基层组织机构设置，健全校院两级党建工作机构，把教师党支部设置在基层教研室、实验室或学术团队上，学生党支部设置在年级、班级或学生社区公寓中，努力将基层党支部设置延伸到教学科研和管理服务一线，实现党的工作组织全覆盖。同时，加大党建工作专职队伍的建设力度，配齐配强专职辅导员、思政课教师等思政工作专门队伍力量，具备条件的学校及时配备专兼职组织员，夯实二级院系组织基础，打通"中梗阻"，破解民办高校基层党建"温度差"难题，为加强党员教育管理、强化基层党建引领和发挥政治功能奠定组织基础。此外，加大"双带头人"教师党支部书记培育力度，持续推动"双带头人"教师支部书记全覆盖，将党的组织和活动延伸到教职员工工作、学生学习与生活的最前沿、最深处，打通党建思政育人的"最后一公里"。最后，做好党建工作队伍培训，立足民办学校工作实际，发挥体制机制优势，定期开展面向党建工作队伍的政治素质与业务能力常态化培训，提升党务工作队伍的能力和水平。进一步强化经费、人员、场地等基层党建工作保障，以强有力的组织队伍来保障基层党组织战斗堡垒作用的有效发挥。

第二，创新"党建＋"模式，丰富基层党建内容载体。各地民办学校需推进新时代民办学校党建"双创"，结合民办学校体制机制实际，在夯实党建工作根基的基础上以党建示范创建和质量创优为牵引，以培育创建国家级、省级标杆院系、样板党支部为抓手，树立大抓基层的鲜明导向，推动党建工作阵地标准化规范化建设。同时，打造民办学校基层党建工作品牌，积极探索党建引领校地、校企联动共建融合，打破基层院系相对封闭的人才培养和育人模式，强化基层党组织责任担当，创新党建工作活动项目，努力打造"党建＋"新模式等各具特色的基层党建工作品牌，创新基层党组织党建工作活动载体，充分利用新媒体和新一代信息技术优势，采取更富有时代感的"微视频、微党课"等互动方式，使党建工作更加直观生动、更具吸引力，挖掘并释放基层党组织新动能，激发基层党支部活力。最后，聚焦提升基层党组织的政治功能和组织功能，强化思想引领，通过丰富基层党建内容载体，全面激活基层党建"红色引擎"，以强有力的基层党建工作确保发挥党组织作用。

第三，注重教育管理，有效发挥党员先锋示范作用。各地民办学校需加强宣传引导，以新时代高校党建示范创建和质量创优、"三级联创"活动为牵引，持续加强教师党支部书记"双带头人"培育，打造党建"双创"特色项目、创新设置党员先锋岗等，探索实施"先锋领航"工程，发挥"头雁效应"，培树、宣传先进典型，看齐标杆、争做标杆，引导广大师生党员当好学习先锋、宣传先锋、实践先锋，培养好师生党员骨干队伍，引导民办学校师生党员在教学科研、志愿服务、实践竞赛等活动中示范争先，充分发挥党员的先锋模范作用。同时，严格党员教育管理，基层党支部用好组织发展考核指挥棒，严把"入口关"，强化过程教育，探索学生党员量化考核体系，严管和深爱相结合，对标对表提高要求，提升党员发展质量，真正发挥党员的示范引领作用。最后，做好做细师生党员教育服务工作，关心关注年轻党员的思想动态与成长需求，为师生党员创造更好的学习生活条件，多措并举激发党员干事创业的自发性、创造性，鼓励广大师生党员奋发进取、积极作为，从而把党的组织优势、密切联系师生优势有效转化为教书育人的强大政治优势，有效发挥师生党员队伍的引领示范作用。

第二章　保障民办学前教育普惠安全优质发展

普惠性民办学前教育是保障学前教育公平、提高学前教育质量水平的重要载体，已逐渐成为我国民办学前教育发展办学的主要形式之一。随着我国对于普惠性民办学前教育重视程度不断强化，如何保障民办学前教育普惠安全优质发展成为当下的核心课题。本章将从当前我国支持民办学前教育普惠安全优质发展的举措入手，聚焦民办学前教育发展的具体成效，分析当下民办学前教育发展的突出问题，并针对性地提出改进思路。

第一节　保障民办学前教育普惠安全优质发展的基本举措

近年来，党中央、国务院及教育部等部门致力于办好学前教育，围绕民办学前教育普惠、安全、优质的发展目标，不断完善法律法规体系建设。同时，各地方政府及教育主管部门通过出台配套政策和推动改革举措落地等具体形式在学前教育发展中扮演重要角色。

普惠安全优质发展是党和国家对我国民办学前教育发展的基本要求。为促进民办学前教育普惠安全优质发展，各地各校在推进民办学前教育法律法规建设、支持普惠性民办学前教育资源扩容、完善民办学前教育经费投入与分担机制、促进民办学前教育师资水平提升、支持幼小衔接及托育工作开展等方面展开实践探索。

一、推进民办学前教育法律法规建设

第一，进一步明确民办学前教育学校法律地位。2021 年 9 月，我国新修订的《中华人民共和国民办教育促进法实施条例》（以下简称《民促法实施条例》）正式实施，条例中明确了对实施学前教育的民办学校享有与同类同级公办学校同等的招生权，教师享有与公办教师同等权利，同时还明确规定了需对承担普惠性学前教育的学校拨付相应教育经费。

第二，创新民办学前教育综合立法实践。民办学前教育是涉及复杂办学主体，服务婴幼儿家庭教育需要，面向社会普惠性教育需求的学前教育重要组成部分。2022年1月，《中华人民共和国家庭教育促进法》正式实施，明确了幼儿园、婴幼儿照护机构除在校工作外，还应承担起面向监护人的婴幼儿家庭教育指导服务。2023年8月，提请十四届全国人大常委会第五次会议审议的《中华人民共和国学前教育法（草案）》（以下简称《学前教育法（草案）》）中，再次明确了各级政府应支持民办幼儿园提供普惠性学前教育服务，且普惠性民办幼儿园专指"接受政府支持、执行收费政府指导价的非营利性民办幼儿园"。同时，对民办幼儿园的经费管理方式、教师工资福利、收费管理标准、经费保障方式、支持方式等作出了规定。

第三，落实普惠性民办园认定、扶持、管理办法。各地方（主要包括省级、市级、县级教育主管部门）制定的普惠性民办园认定、扶持、管理办法一般包含四部分，一是对区域内普惠性民办幼儿园的认定标准、程序、退出机制等的详细规定，二是对普惠性民办园的优惠政策、扶持方式、教师待遇保障等进行规定，三是普惠性民办园的办学管理、社会监督等方面的具体措施，四是对推进相关工作的具体要求。部分地区结合地方需求提出了一些创新性举措，如贵州省将普惠性民办幼儿园纳入集团化办园和教研指导责任区管理，目的是帮助普惠性民办园快速提升管理水平，提高教师教学质量，提升办园质量。[1] 陕西省明确提出要优先安排普惠性民办园园长、骨干教师进行从业培训，参加人数不少于总人数的40%。[2] 广东省强调要建立以过程性评价为基础、以质量提升为导向的激励机制，向社会公布考核优秀普惠性民办园名单。[3]

二、支持普惠性民办学前教育资源扩容

第一，完善普惠性民办学前教育扶持政策。规范民办园过度逐利现象、支持普惠性民办园发展、强化幼儿园安全监管、为幼儿提供更加优质的学前教育供给，是支持

[1] 贵州省教育厅：《贵州省普惠性民办幼儿园认定扶持及管理办法》，贵州省教育厅，2019年7月10日，http://www.gzluodian.gov.cn/zfbm/ldxjyj_5757514/zfxxgk_5756897/fdzdgknr_5756900/jy_5758672/202311/P020231129372138345767.pdf。

[2] 陕西省教育厅：《陕西省教育厅 陕西省发展和改革委员会陕西省财政厅关于印发〈陕西省普惠性民办幼儿园认定及管理办法〉的通知》，陕西省教育厅，2024年3月5日，http://jyt.shaanxi.gov.cn/news/jiaoyutingwenjian/202403/05/23393.html。

[3] 广东省教育厅：《广东省教育厅 广东省发展和改革委员会 广东省民政厅广东省财政厅 广东省人力资源和社会保障厅 广东省市场监督管理局关于印发〈广东省普惠性民办幼儿园认定、扶持和管理办法〉的通知》，广东省教育厅，2022年8月3日，https://edu.gd.gov.cn/gkmlpt/content/3/3987/mpost_3987646.html#1621。

民办学前教育发展的重要内容。国家规划为民办学前教育发展提供明确目标。2021年12月，教育部等九部门联合印发了《"十四五"学前教育发展提升行动计划》，明确了对学前教育发展提升的基本要求是"强化公益普惠、坚持巩固提高、推进科学保教、提升治理能力"，重点任务在于"补齐普惠资源短板、完善普惠保障机制、全面提升保教质量"，并明确了具体政策措施与组织实施方法。该计划为民办学前教育发展提供了明确清晰的短期目标，针对普惠性民办学前教育提出了"积极扶持普惠性民办园，支持和规范社会力量办园"的重点任务以及"到2025年，普惠性幼儿园覆盖率达到85%以上"的主要目标。同时，各地方结合地方实际制定了"十四五"学前教育发展提升行动计划，其中对民办学前教育发展进行了详细规定。如明确普惠性幼儿园占比、明确民办园鼓励政策、规范民办园收费行为、规范民办园内教师配置等。广东省提出，2025年包括民办普惠园在内的普惠性幼儿园在园幼儿需达到85%以上。引导更多民办园提供普惠性服务，提供有差异、讲质量的普惠性民办园奖补制度。[①] 北京市提出，2025年普惠性幼儿园覆盖率达到90%，积极扶持普惠性民办园，鼓励非普惠性民办园发展。

第二，出台普惠性学前教育资源扩容目标方案。补齐普惠性学前教育资源短板是当前我国学前教育发展的重点任务，扩大普惠性民办学前教育资源容量，是增加普惠性资源供给的重要途径，也是推进学前教育公平发展的关键环节。为了实现这一目标，国家发展改革委和国家卫生健康委联合印发了《支持社会力量发展普惠托育服务专项行动实施方案（试行）》，其中明确"坚持社会化发展托育服务，围绕'政府引导、多方参与、社会运营、普惠可及'，深入开展城企合作。扩大普惠性托育服务有效供给"。同时，政府鼓励信用好、有投资意愿的企业和金融机构自愿申请和参与到举办普惠性托育服务中。在《"十四五"学前教育行动计划》中，也明确强调了"积极扶持民办园提供普惠性服务"的重要性。这些举措通过多渠道共同发力增加普惠性资源供给，以满足人民群众对高质量学前教育的需求，为推动学前教育公平与质量的提升奠定了坚实基础。

第三，明确普惠性民办学前教育资源扩容具体指标。针对普惠性学前教育发展重点任务，各地方结合自身发展现实，相继出台地方普惠性学前教育资源扩容目标。例如，《安徽省"十四五"学前教育发展提升行动计划》指出，"积极扶持普惠性民办园，2021~2025年新建、改扩建公办幼儿园1 000所，其中新建558所，改扩建442所。到2025年，全省学前三年毛入园率保持在95%以上，普惠性幼儿园覆盖率保持

---

① 广东省教育厅：《广东省教育厅等九部门关于印发〈广东省"十四五"学前教育发展提升行动计划〉〈广东省"十四五"县域普通高中发展提升行动计划〉的通知》，广东省教育厅，2023年1月4日，https：//edu. gd. gov. cn/zwgknew/gsgg/content/post_4075097. html。

在85%以上，公办园在园幼儿占比保持在55%以上"。① 《广东省"十四五"学前教育发展提升行动计划》提出，"到2025年，全省学前教育毛入园率保持100%以上，公办幼儿园在园幼儿占比达到50%以上，公办幼儿园和普惠性民办幼儿园在园幼儿占比达到85%以上"。② 贵州省则要求"到2025年，全省学前三年毛入园率达到94%，普惠性幼儿园覆盖率达到85%，公办幼儿园在园幼儿占比达到60%，全省50%左右的县（市、区）通过学前教育普及普惠国家认定"。③

三、完善民办学前教育经费投入与分担机制

一方面，完善民办学前教育经费投入与分担机制相关政策规定。为优化和科学改进普惠性学前教育经费支持政策，党和国家采取多种措施规范民办学前教育学校的经费投入与分担机制。《中共中央 国务院关于学前教育深化改革规范发展的若干意见》中提出要优化学前教育经费投入结构，健全成本分担机制，并特别指出"扩大普惠性资源、补充配备教师、提高教师待遇、改善办园条件……支持地方多种形式扩大普惠性资源"。同时，规定了民办园收费标准依据及管理主体，要求"民办园收费项目和标准根据办园成本、市场需求等因素合理确定，向社会公示，并接受有关主管部门的监督""非营利性民办园（包括普惠性民办园）收费具体办法由省级政府制定。营利性民办园收费标准实行市场调节，由幼儿园自主决定"，特别要求地方政府要加强对民办园收费的监督管理，遏制过高收费。在《"十四五"学前教育行动计划》中专门提出，健全学前教育资助制度，保障困难家庭儿童接受普惠性学前教育，逐步提高财政投入水平，保障学前教育有质量、可持续地发展。特别针对普惠性民办园，规定了最高收费限价，要求各地区尽快制订非营利性民办幼儿园收费办法，实行政府指导价管理，遏制过高收费和过度逐利行为。这些政策举措的推行，有力地推动了我国民办学前教育经费投入与分担机制建设工作，为提升民办学前教育普惠优质安全发展明确经费保障基础。

另一方面，推动民办学前教育经费投入与分担机制落地。各地方政府明确了学前

---

① 安徽省教育厅：《安徽省教育厅等九部门关于印发〈安徽省"十四五"学前教育发展提升行动计划〉的通知》，安徽省教育厅，2022年3月1日，http：//jyt. ah. gov. cn/public/7071/40529843. html。

② 广东省教育厅：《广东省教育厅等九部门关于印发〈广东省"十四五"学前教育发展提升行动计划〉〈广东省"十四五"县域普通高中发展提升行动计划〉的通知》，广东省教育厅，2023年1月4日，https：//edu. gd. cn/zwgknew/gsgg/content/post_4075097. html。

③ 贵州省人民政府：《省教育厅等十二部门关于印发〈贵州省"十四五"学前教育发展提升行动计划〉的通知》，贵州省人民政府，2022年4月19日，https：//www. guizhou. gov. cn/zwgk/zfgb/gzszfgb/202206/t20220616_74999212. html。

教育作为公共服务的公益普惠发展方向，积极扶持普惠性民办园。普惠性民办园可享有同公办园相同的法律地位，同时要求落实政府投入为主、家庭合理分担、其他多渠道筹措经费的普惠保障机制，对普惠性民办园提供经费补助。政府鼓励在对普惠性民办园提供财政经费支持的同时，制定普惠性民办园最高收费限价标准，并进行动态调整；同时，各地区制定非营利性民办幼儿园收费办法，对非营利性民办园实行政府指导价管理，明确收费标准，遏制高收费行为。根据各地方《"十四五"学前教育行动计划》要求，各地方以提供普惠性服务为标准，合理核定普惠性民办园办学成本，明确分担比例，合理确定家庭支出水平，保障普惠性学前教育可持续发展。以此为依据，各地方已经制定或正在制定符合地方发展现实的普惠性学前教育成本分担机制。

四、促进民办学前教育师资水平提升

一方面，强化教师待遇保障和专业队伍培养的基础性地位。教师专业水平是影响学前教育质量的关键因素，也是民办普惠性学前教育学校提升自身竞争力、满足教育需求和儿童发展需要的重要手段。2021年9月，我国新修订的《民促法实施条例》中，再次强调了保障民办教师待遇的重要性，包括建立民办幼儿园教师劳动、聘用合同备案制度，以及与公办幼儿园、中小学聘任的教师平等对待。同时，民办园教职工工资收入需参照公办园合理确定，教职员工需全员纳入社会保障体系。2021年12月，《"十四五"学前教育行动计划》专门提出，"鼓励各地加大对农村地区和欠发达地区幼儿园教师培养力度，民办园需按照配备标准配足配齐教职员工"。这些政策法律文件的出台，旨在通过提高民办幼儿园教师的素质和待遇，提升民办学前教育的整体师资水平，从而为民办学前教育质量提升打下坚实基础。

另一方面，确立民办学前教育教师发展短期目标。为提升学前教育师资水平，各地方政府针对自身学前教育发展需要，提出了学前教育教师培训和投入目标，并针对普惠性民办学前教育需求提出发展要求。例如，海南省要求"幼儿园教师接受专业教育比例提高到80%，专科以上学历教师比例提高到85%以上""民办园要参照公办园教职工工资收入水平，合理确定相应教职工的工资收入。各类幼儿园教职工依法全员纳入社会保障体系"。[①] 山东省对民办学前教育教师编额与工资收入进行规定，要求"民办幼儿园参照省公办幼儿园教职工编制标准配足配齐教职工。民办幼儿园参

---

① 海南省教育厅：《海南省教育厅等十部门关于印发〈海南省"十四五"学前教育发展提升行动计划实施方案〉和〈海南省"十四五"县域普通高中发展提升行动计划实施方案〉的通知》，海南省教育厅，2022年7月18日，http://edu.hainan.gov.cn/edu/cxd/202207/dc0d4d3f43d3478c852dc5010cbfe9ed.shtml。

照公办幼儿园合理确定教师工资收入水平"。[①] 新疆维吾尔自治区提出了"幼儿园专任教师中学前教育专业毕业生比例达到65%"的目标要求。[②]

五、支持幼小衔接及托育工作开展

第一，明确民办幼儿园幼小衔接工作重点。推动双向衔接，实现平稳过渡是民办幼儿园幼小衔接工作开展的重点。2021年3月，《关于大力推进幼儿园与小学科学衔接的指导意见》出台，特别强调"要实现幼小双向衔接，加大治理力度，纠正和扭转校外培训机构、幼儿园和小学违背儿童身心发展规律的做法和行为"。2021年12月，《"十四五"学前教育行动计划》专门提出，加大对"校外培训机构执法检查力度，对面向学龄前儿童开展线上培训和以学前班、幼小衔接班、思维训练班、托管班等名义开展线下学科类（含外语）培训，以及其他违反儿童身心发展规律和接受能力的培训活动的检查力度"。

第二，提升托育服务质量。提升托育保育工作质量已成为民办学前教育质量评估的重要组成，《国务院办公厅关于促进3岁以下婴幼儿照护服务发展的指导意见》明确了3岁以下婴幼儿托育以家庭为主，托育补充、政策引导，普惠优先、安全健康，科学规范、属地管理，分类指导的托育原则，特别针对社区照护服务提出了"鼓励通过市场化方式，采取公办民营、民办公助等多种方式，在就业人群密集的产业聚集区域和用人单位完善婴幼儿照护服务设施"。[③] 2022年2月，教育部印发《幼儿园保育教育质量评估指南》，指南提出"以促进幼儿身心发展为导向，主要针对办园方向、保育与安全、教育过程、环境创设、教师队伍5个方面，共15项关键指标和48个考查要点"，开展幼儿园保育质量评估。

第三，明确普惠性托育发展目标。结合我国新生儿托育服务现实需求及地方经济发展基础，各地方婴幼儿托育服务行动计划相继出台，对短期内（一般为三年）地方托位数、普惠性托位数、托育服务覆盖率等核心指标要求进行规定，为现有营利性托育机构转向普惠性发展提供契机。如重庆市要求，扩大普惠性托育服务供给水平，到2025年普惠性托位占比60%，鼓励支持社会力量办托，鼓励托育机构连锁化、品

① 山东省教育厅：《关于印发山东省"十四五"学前教育发展提升行动计划的通知》，山东省人民政府，2022年8月12日，http://www.shandong.gov.cn/art/2022/8/12/art_307620_10338747.html。

② 新疆维吾尔自治区教育厅：《新疆维吾尔自治区发布"十四五"学前教育发展提升行动计划》，新疆维吾尔自治区教育厅，2022年12月30日，https://jyt.xinjiang.gov.cn/edu/jcjygk/202212/f793ed1c7d714da891f73d9624067602.shtml。

③ 中华人民共和国中央人民政府，《国务院办公厅关于促进3岁以下婴幼儿照护服务发展的指导意见》，国务院，2019年4月17日，https://www.gov.cn/gongbao/content/2019/content_5392295.htm。

牌化、专业化发展。① 北京市要求新增普惠性托位不少于 3.2 万个，支持有意向托育机构提供普惠性托育服务，引导社会力量参与普惠托育服务，同时加强普惠性监管。② 一些地方以市级地方政府为依托，精细化制定普惠性托育工作要求，将各项责任细化到执行单位。例如，《哈尔滨市促进 3 岁以下婴幼儿照护服务发展的实施方案》中对包括加强婴幼儿家庭养育照护支持指导、增加婴幼儿照护服务供给、加快建立婴幼儿照护机构的政策支持体系、加快建立婴幼儿照护服务机构监管体系等主要任务和具体组织实施方案，全部标明责任单位，为深化推动相关责任落实打下基础。③

第二节　保障民办学前教育普惠安全优质发展的主要成效

近年来，随着我国学前教育法律法规与政策文件不断出台，学前教育政策的顶层设计不断完善。作为学前教育体系的重要组成部分，民办学前教育实践呈现出蓬勃发展的态势。民办学前教育制度体系不断完善，普惠性民办园建设卓有成效，民办学前教育保教质量稳步提高，民办学前教育师资培训水平有所提升，幼小衔接和托育服务管理走向规范化。这些成效为我国民办学前教育事业注入了新的活力。

一、民办学前教育制度体系不断完善

近年来，国家学前教育新法新政不断出台，民办学前教育的特殊性与一般性需求不断受到重视，逐步构建起涵盖学前教育法律法规、质量保障、师资管理、财政支持等要素，纵贯中央与地方的民办学前教育治理体系。各地方基于国家民办学前教育顶层治理要求，结合地方发展需求，相继出台了一系列规范民办学前教育发展的基层治理内容，推动民办学前教育治理体系的不断完善。以陕西省民办学前教育治理为例，在严格遵循国家学前教育相关法律基础上，以《中共中央 国务院关于学前教育深化改革规范发展的若干意见》《"十四五"学前教育行动计划》《县域学前教育普及普惠督导评估办法》等文件中关于民办学前教育要求为基础，陕西省通过出台《陕西省

---

① 重庆市人民政府：《重庆市 3 岁以下婴幼儿照护服务能力提升三年行动计划（2023～2025 年）》，重庆市人民政府，2023 年 10 月 27 日，http：//wap. cq. gov. cn/zwgk/zfxxgkml/szfwj/qtgw/202310/t20231027_12485426. html。

② 北京市人民政府：《北京市托育服务体系建设三年行动方案（2023 年—2025 年）》，北京市人民政府，2023 年 3 月 27 日，https：//www. beijing. gov. cn/zhengce/zfwj/zfwj2016/bgtwj/202303/t20230327_2945542. html。

③ 哈尔滨市人民政府：《哈尔滨市人民政府办公厅关于印发哈尔滨市促进 3 岁以下婴幼儿照护服务发展实施方案的通知》，哈尔滨市人民政府，2022 年 1 月 21 日，https：//www. harbin. gov. cn/art/2022/1/21/art_13791_23910. html。

县域学前教育普及普惠督导评估工作实施方案》等地方配套政策文件，对民办学前教育的普惠化发展、教育质量保障、财政经费投入比例与要求、教师培训等进行了符合陕西实际的具体规定；同时，结合省内民办学前教育发展现状，专门修订和出台《陕西省普惠性民办幼儿园认定及管理办法》，省内城市如西安市也出台了《西安市促进普惠性民办幼儿园规范提升实施方案》，具体推进普惠性民办园发展。

二、普惠性民办园建设卓有成效

普惠性民办园建设是党和国家重点推动的民生工程，是当下民办学前教育发展的核心内容。随着国家与地方政策推进，众多民办学前教育学校转向普惠性民办园办学，充实了普惠性民办园数量，丰富了办园种类，建设取得初步成效。2023 年，我国普惠性幼儿园总数达 23.6 万所，在园幼儿占比 90.8%，普惠性民办园是其中的重要组成部分。[1] 各地方根据自身学前教育发展需要，持续推动普惠性民办园的建设工作。例如，《北京市普惠性幼儿园认定与管理办法（试行）》印发实施后，对考核评估通过的普惠性民办园实施最高价限制，规定全市普惠性民办园每月保教费不得高于 900 元，2023 年共审核通过了 700 余所普惠性民办园。[2] 民办普惠园同公办园同步采取网上信息采集方式，统一纳入"北京市适龄幼儿入园服务平台"管理报名。[3] 《南京市关于推进普惠性幼儿园覆盖率的实施方案》要求，采取生均补贴的方式降低普惠性民办园收费，2021 年新增普惠性民办园 196 所，普惠性幼儿园覆盖率较上一年提升 15%。[4] 河北省通过多渠道拓展普惠性学前教育资源，2018~2023 年"共扶持认定普惠性民办园 6 211 所，惠及幼儿 76 万余人"。[5]

三、民办学前教育保教质量稳步提高

随着国家县域民办学前教育督导工作的有序展开，民办学前教育逐渐超越过去过

---

① 《2023 年全国教育事业发展基本情况》，教育部，2024 年 3 月 1 日，http：//www. moe. gov. cn/fbh/live/2024/55831/sfcl/202403/t20240301_1117517. html。

② 《2023 年北京 17 区民办普惠性幼儿园名单》，京入学，2023 年 12 月 8 日，https：//www. sdrxue. com/79991. html。

③ 《北京多区公布 2024 年幼儿园招生工作安排》，央广网，2024 年 5 月 30 日，http：//edu. cnr. cn/dj/20240530/t20240530_526723778. shtml。

④ 《一年新增普惠性民办园 196 所，普惠园覆盖率升至 88%——南京：普惠园建设成绩亮眼》，江苏省教育厅，2021 年 4 月 29 日，http：//jyt. jiangsu. gov. cn/art/2021/4/29/art_82017_9774353. html。

⑤ 《河北省教育厅对政协河北省第十三届委员会第一次会议第 0480 号提案的答复》，河北省教育厅，2023 年 4 月 30 日，http：//www. hee. gov. cn/col/1516847681688/2023/05/16/1684206468295. html。

度重视规模扩张、以市场思维办教育的传统发展路径，转向多元化、特色化、高质量的内涵式发展道路。办学模式变革与创新是民办学前教育探索多元化发展的重要方式，以山东某幼教集团为例，经过 22 年的探索，该集团已发展成为拥有 200 余所联盟园，30 所基地园以及 10 余所 0~3 岁婴幼早教托育园、少儿艺术培训中心、银座幼教幼师学院、自然教育营地托育园的全国幼教领军品牌，紧抓质量提升和创新开放办学是其发展的核心要义。[①] 革新幼儿阶段保教方式，为国家培养创新型人才提供基础支持是民办学前教育发展的应有之义。上海某幼儿园推出的公益项目在全国 50 余个地级市落地推广，其核心要义在于将幼儿园教育落脚点聚焦在厚植爱国基因、培养科技意识、开发语言智能三个方面，通过搭建公益性平台，赋能中国民办园所，从而推动民办学前教育质量提升。[②] 对接国家政策改革需要，切实解决学前教育发展问题是民办学前教育机构提升自身教育质量的重要方式之一。另一学前教育机构通过对接"双减"、幼小衔接等政策要求，通过不断创新和完善课程体系和服务内容，在课后服务、幼小科学衔接、数字化课程等方面提出了专业性强、质量较高的解决方案，得到了社会认可。[③]

四、民办学前教育师资培训水平有所提升

师资培训是保障民办幼儿园教师职后专业成长的重要手段，师资培训水平直接决定民办幼儿园教师专业发展潜力及儿童学习质量。随着民办学前教育教师培养规范化，民办学前教育师资培训水平有所上升，民办学前教育师资培训形式更加便捷。很多民办学前教育师资培训逐渐采用"线上 + 线下"模式开展，在便捷教师吸收新知的同时，减少了培训成本，极大丰富了培训内容与形式。一项针对内蒙古自治区民办幼儿园的调查发现，线上培训帮助教师坐在家中学习，同时，培训内容丰富且持续不断，老师们参加学习的积极性比较高。[④] 有的地区采用公办幼儿园对口帮扶民办幼儿园的形式展开师资培训，如西安市开展大规模"名校 +"共同体建设，市内优秀公办学校（中小学、幼儿园、职业教育）全部对口支持一所或数所同类民办学校建设，

---

① 《民办园如何提质量谋发展》，中国教育新闻网，2023 年 6 月 28 日，http：//www. jyb. cn/rmtzgjyb/202306/t20230618_2111057614. html。

② 上海市民办教育学会：《新语境教育公益项目："让民办幼儿园活下去，活的更好"》，上海市民办教育学会，2023 年 10 月 8 日，http：//www. shmbjy. org/item – detail. aspx？NewsID = 19370。

③ 中国教育新闻：《民办园如何提质量谋发展》，中国教育新闻网，2023 年 6 月 28 日，http：//www. jyb. cn/rmtzgjyb/202306/t20230618_2111057614. html。

④ 中国民办教育协会学前教育专业委员会：《2022 中国民办学前教育行业发展报告》，中国民办教育协会学前教育专业委员会，2023 年 4 月 6 日，http：//www. mbxq. org. cn/Upfiles/2022% C4% EA% C3% F1% B0% EC% D1% A7% C7% B0% BD% CC% D3% FD% D0% D0% D2% B5% B7% A2% D5% B9% B1% A8% B8% E6. pdf。

建设成果十分显著。①

五、幼小衔接和托育服务管理走向规范化

"双减"政策和托育服务相关政策的不断出台，对快速发展的托育产业和幼小衔接服务进行了指导规范，同时也推动幼小衔接和托育服务走上"尊重教育规律为先"的合理发展道路。有的地区将民办幼儿园提供托育服务纳入试点进行统一管理。如在杭州市 2023 年示范性托育机构认定名单中，社会兴办服务与家庭服务、托育一体服务、社区服务、单位自建服务共同构成了探索发展的多元化服务模式。② 有的地区针对没有通过托育认定而违法开展托育服务的机构进行批评教育及处罚。大庆市大同区③、杭州市临安区④及泰州市⑤都先后通报了本地区卫生健康委在开展托育服务检查时发现有违规民办早教机构开展托育服务，都已依据相应法律政策条文进行处罚并责令整改。部分地区通过结成发展共同体的形式，推动幼小科学衔接。幼小科学衔接的顺利实施离不开地方政府支持与引导。如内蒙古自治区通过开展囊括全自治区和盟市的两级幼小"双向衔接"示范区和试点校，分段推进公民办幼小衔接管理工作。⑥

第三节　保障民办学前教育普惠安全优质发展的问题堵点

结合现实情况看，近年来我国民办学前教育普惠安全优质发展进程不断推进，但仍存在普惠性民办学前教育发展可持续性面临挑战、民办园市场竞争力待提升、普惠性民办学前教育经费投入不足、教师权益保障水平偏低、民办园安全监管与保障措施落地受限、民办园托育服务供给质量待提升等问题堵点，阻碍民办学前教育进一步实现普惠安全优质发展。

---

① 《"名校＋"在行动》，西安市教育局，2024 年 3 月 6 日，http：//edu. xa. gov. cn/jyzt/mxzhd/2. html。

② 《2023 年度杭州市示范性婴幼儿照护服务机构拟认定名单公示》，杭州市卫健委，2023 年 11 月 17 日，http：//wsjkw. hangzhou. gov. cn/art/2023/11/17/art_1229319281_4219407. html。

③ 《"四张清单"典型案例违反〈托育机构管理规范〉（试行）幼儿园违反托育服务相关标准和规范案》，黑龙江省卫健委，2023 年 11 月 13 日，https：//wsjkw. hlj. gov. cn/wsjkw/c109139/202312/c00_31693256. shtml。

④ 《杭州首案！临安区一托育机构因未备案被立案处罚》，临安区人民政府，2021 年 9 月 6 日，http：//www. linan. gov. cn/art/2021/9/6/art_1229548566_59053127. html。

⑤ 泰州市卫生健康委员会：《"以案释法"某托育机构未按规定向县级人民政府卫生健康主管部门备案开展托育案》，泰州市人民政府，2023 年 4 月 10 日，http：//wjw. taizhou. gov. cn/ztzl/fzjs/art/2023/art_e694f02e01cd48ffb56b1b0bddd355b2. html。

⑥ 《"双减"之下 幼小衔接的打开方式》，中华人民共和国教育部，2022 年 1 月 9 日，http：//www. moe. gov. cn/jyb_xwfb/s5147/202201/t20220110_593498. html。

一、普惠性民办学前教育可持续发展面临挑战

近年来，一系列普惠性民办学前教育法律法规和政策文件相继出台，相关法律体系和治理体系逐渐建立。然而，随着普惠性民办学前教育持续发展，保障政策落地难度大，部分地方政策同国家普惠性民办学前教育政策表述同步更新滞后，园所动态退出政策尚未完善等问题依旧困扰普惠性民办学前教育发展。

第一，普惠性民办学前教育保障政策落地难度大。有研究发现，现有普惠性民办学前教育保障主体往往层级较低，无法支撑相关政策的具体落地，有的省份在对财政保障主体进行明确时，要求"各级政府"或"市县级政府"进行保障，但并未明确相应责任。同时，普惠性民办幼儿园的管理主体责任主要在县级政府，无法支撑相应资源的保障和供给。[①]

第二，部分地方政策同国家普惠性民办学前教育政策表述同步更新滞后，造成政策口径存在差异，易导致地方政策执行效率降低。2020年教育部印发《县域学前教育普及普惠督导评估办法》，明确普惠性民办园是"通过教育部门认定、面向大众、质量合格、接受财政经费补助或政府其他方式的扶持、收费执行政府限价的非营利性民办幼儿园"。这是我国第一次从法律政策角度明确普惠性民办园为非营利性幼儿园，其目的在于为后续地方政府及普惠性民办园举办者明确发展方向。[②] 然而，部分省市关于"普惠性民办幼儿园认定、扶持和管理办法"的出台早于2020年，至今并未对相关政策文件进行修订和修改，容易造成市县或学校执行过程中的资源浪费与执行偏差。

第三，普惠性民办园动态退出政策尚未完善。一般来说，能够通过督导考核成为普惠性民办园的园所，其基本教育质量和普惠性要求能够达标，然而随着市场波动及学前教育行业变化，注定淘汰一批无法适应社会与教育发展需求的普惠性民办园，同时也需要新补充一批园所成为普惠性民办园。各省目前主要对强制退出条件进行规定，而对自愿退出的相关条件规定较为模糊，容易导致部分办学质量下降的园所占用社会资源和国家补贴。[③]

---

① 庞丽娟、范明丽：《"省级统筹 以县为主"完善我国学前教育管理体制》，载于《教育研究》2013年第10期。

② 中国民办教育协会学前教育专业委员会：《2022中国民办学前教育行业发展报告》，中国民办教育协会学前教育专业委员会，2023年4月6日，http：//www.mbxq.org.cn/Upfiles/2022%C4%EA%C3%F1%B0%EC%D1%A7%C7%B0%BD%CC%D3%FD%D0%D0%D2%B5%B7%A2%D5%B9%B1%A8%B8%E6.pdf。

③ 刘颖：《普惠性学前教育政策的执行偏差：表现、原因及对策分析》，载于《教育发展研究》2016年第6期。

二、普惠性民办园市场竞争力待提升

普惠性民办园同公办园相比，仍存在市场竞争力不强，办园特色不显著，生源吸引力严重不足的问题，社会就学吸引力受影响。

第一，部分普惠性民办园市场竞争力不强。家庭是购买民办学前教育服务的主体，家庭购买与筛选学前教育提供者的依据主要是对包括园所硬件、师资、保育质量、便捷程度、收费等方面要素的综合考虑。一方面，与公办园相比，普惠性民办园受到的财政支持力度普遍较低，园所发展的不确定性更大，竞争天然处于不利地位。另一方面，考虑社会需求变化，家庭收入下降和稳定性变差进一步导致学前教育支出意愿和能力降低，在同等选择条件下，社会选择收费更低、质量更为稳定的公办园或收费较高、质量拔尖的优质民办园的意愿显著增强。

第二，部分普惠性民办园办园特色不显著。园所特色是综合体现在办园理念、管理方式、教育模式、课程体系等要素中的系统性优势，是具体可感的。部分普惠性民办园受经费客观有限制约，特色资源开发支持力度不强，同时受地方普惠性办学监督管理，"特色化办园"还要经历"变相收费"的评估考核，导致部分普惠性民办园办园特色不显。

第三，普惠性民办园生源吸引力严重不足。近年来，随着新生儿数量减少，幼儿园生源不足问题愈加显著。一方面，与公办园相比，普惠性民办园往往需要拥有超越平均水平的办园质量、更高的保教服务水平才能吸引部分家长注意力，大部分普惠园往往不具备这些特质。另一方面，有的民办园间竞争打"价格战"，最终带来教育质量下降，进一步降低对生源的吸引力。

三、普惠性民办学前教育经费投入不足

普惠性民办学前教育面临经费投入严重不足，财政支持标准制定差距较大，幼儿园收支严重失衡的现状，导致普惠性民办幼儿园发展普遍受限。

第一，普惠性民办学前教育经费投入严重不足。当下，我国大多数地区暂时无法给予普惠性民办园与公办园相同的经费支持[①]，面向普惠性民办园的投入方式主要以生均补助形式为主，其他公办园享有的一次性经费支持、学位扩充补助、办学质量奖

---

① 冯婉桢、吴建涛：《普惠性幼儿园弹性定价机制构建》，载于《教育研究》2019年第5期。

励等其他投入相对较少。①

第二，不同地区面向普惠性民办学前教育的财政支持标准差异较大。当下，我国对普惠性民办学前教育学校的财政支持主要以生均补助标准为主。由于标准出台存在先后差异，导致不同省份、地区的支持金额差异显著。其中，中西部地区如广西、河南等地一般为生均200元/年，东部发达地区省份也普遍不高于500元/年，较低的生均补助标准进一步拉大了普惠性民办园与公办园间经费差距。②

第三，普惠性幼儿园收支严重失衡。受非营利性属性制约，普惠性民办园收费一般存在"同公""参公""设最高标准""未明确定价"四类定价方式，不论采取何种方式，普惠性民办园成本支出方式基本都脱离不了以学费收入为主的"以收定支"形式。然而，普惠性民办园受自身民办属性影响，房租、人才支出等额外支出一般远高于公办幼儿园，进而导致收支失衡现象大量出现，可能影响幼儿园正常运转和教育教学质量提升。③

四、民办学前教育教师权益保障水平偏低

普惠性民办学前教育教师权益保障水平整体偏低，教师流失率较高，工作压力偏大，教师专业发展受限，进而影响保教质量提升。

第一，教师权益保障水平整体偏低，教师流失率较高。有调查显示，77%的民办园教师工资水平在4 000元/月以下，仅有30%的园所为全体教职工上齐五险一金，疫情期间教师月工资仅发放基本工资或基本生活费，民办园整体收入水平难以满足日常生活需求，导致教师流失率居高不下。④

第二，民办园教师工作压力偏大，工作内容复杂。受民办学前教育特殊性影响，民办园教师除在家园共育、日常管理、课程活动准备等方面履行教师责任之外，还需承担部分如招生宣传、迎检送检、专业进修、集中学习等方面的任务。

第三，民办园教师专业发展受限。受客观条件制约，普惠性民办园难以为教师提供优厚的待遇，难以吸引高水平人才，导致部分民办园教师专业基础较差，缺乏从事

① 杨卫安、袁媛、岳丹丹：《普惠性民办幼儿园财政补助的问题与改进：基于全国部分地区补助标准的考察》，载于《教育与经济》2020年第3期。
② 杨大伟、王红蕾：《我国普惠性民办园支持政策的现状、问题及其完善建议——基于对34份相关政策文本的分析》，载于《学前教育研究》2021年第12期。
③ 付欣悦、吕苹：《分类管理背景下民办学前教育机构管理政策的嬗变》，载于《教育导刊（下半月）》2018年第8期。
④ 中国民办教育协会学前教育专业委员会：《2022中国民办学前教育行业发展报告》，中国民办教育协会学前教育专业委员会，2023年4月6日，http://www.mbxq.org.cn/Upfiles/2022%C4%EA%C3%F1%B0%EC%D1%A7%C7%B0%BD%CC%D3%FD%D0%D0%D2%B5%B7%A2%D5%B9%B1%A8%B8%E6.pdf。

学前教育的相关技术技能要求。与此同时，繁忙的日常工作限制其参与进修的时间安排和心理预期，进一步压缩民办园教师专业发展期望。

五、民办园安全监管与保障措施落地受限

学前教育安全问题是直接影响民办园办学持续性的核心问题，在国家政策与监管措施推动下，民办园安全保障条件得到大幅提升，但部分民办园仍存在监管与具体保障环节衔接不紧、保障措施落地难、保障经费不足，难以维持高水平运转等问题，民办园安保压力偏大。

第一，部分民办园安全监管与保障环节衔接不紧。随着国家学前教育治理体系中不断强化安全监管的重要性，教育主管部门和各级政府全面启动幼儿园安全监管治理行动。在具体实施过程，部分民办园为迎接检查突击采买保障用品，应付监管检查，但部分安全保障措施并未持续执行，导致监管与保障间仍存在漏洞，不利于儿童安全成长。

第二，部分民办幼儿园安全保障措施落地难。民办园受限于场地、租金、班额、教师专业素养和水平等条件，一些安全保障场地改造难以推动，安全保障制度建设执行难以落实，教师安全保障意识淡漠，无法满足对安全保障措施的相关要求。

第三，民办园安全保障经费不足，难以长期维持保障高水平运转。民办园办学经费主要来源于学生学费，部分地方政府对普惠性民办园进行一定程度的生均拨款支持，但大部分民办园安全保障没有专门支出经费，从办学经费中合理规划安排安保经费对部分民办园来说难以实现，也难以长时间维持高水平安全保障措施的运转。

六、民办园托育服务供给质量待提升

提供高质量、普惠性托育服务是社会的殷切期望，民办园仍存在托育服务质量参差不齐，托育服务收费较高，托育服务管理不完善等问题。

第一，托育服务质量参差不齐。随着经济社会发展，家庭对儿童早期教育重视度不断提升，托育服务质量成为重点关注环节。[①] 然而，当下开展托育服务的民办园仍存在需求资源难匹配，托育服务人员少，专业水平偏低，难以满足家长需求的现实情况。

---

① 人民网：《呼唤普惠性托育服务 不负幼有所"托"》，中国青年报，2023 年 2 月 6 日，http：//edu. people. com. cn/n1/2023/0206/c1006 – 32618401. html。

第二，托育服务收费偏高。受托育服务市场火热影响，有研究发现，目前入托家庭平均入托费占到家庭收入比重达14.6％，低收入家庭托育负担更重。[①] 家庭托育服务成本逐渐增高，社会对普惠性托位需求进一步提高。

第三，民办园托育服务管理不完善。托育服务兴起于2019年，近年来发展较为迅速，一些民办园或私立教育机构开展托育服务仍存在报备登记滞后、逃避监管等问题，容易造成不良事件及影响事后追责。

第四节　保障民办学前教育普惠安全优质发展的改进思路

面对民办学前教育普惠安全优质发展诉求，针对问题堵点，亟须细化政策执行与管理办法，完善民办学前教育体系；提供差异化学前教育资源，打造普惠特色品牌；提升普惠性民办园补助标准，多渠道拓宽资金来源；畅通民办园教师发展道路，增强教师队伍获得感；健全民办园风险防范机制，保障学前教育安全发展；提升托育服务能力与质量，扩大普惠性托位建设。

一、细化政策执行与管理办法，完善学前教育体系

细化落实各级政府职责责任，充分落实"省级统筹、以县为主"管理体系，推动政策执行效率提升，探索文件表述更新说明办法，完善普惠性民办园动态退出机制，是全面推动民办学前教育体系完善的可行举措。

一是细化落实各级政府职责责任，充分落实"省级统筹、以县为主"管理体系。当下，"省级统筹、以县为主"的管理体制已通过各地方"十四五"学前教育规划的形式予以明确，在具体执行中省级政府需重点保障财政投入、教师队伍建设、学前教育督导评估等宏观规划指导，县级政府主要负责具体学前教育管理监督，省县分工，共担学前教育发展责任。[②]

二是推动政策执行效率提升，探索文件表述更新说明办法。面对民办教育、学前教育等发展变革领域内部的概念界定及政策表述调整的一类情况，教育主管部门应探索实行更为便捷、及时的文件更新补充说明，采用通知变更、修订说明、公告等形式及时对相关文件进行修改和通知，同时更新文件链接，避免对无效文献误用，切实提

① 中国社科院：《程杰、曲玥、李冰冰：中国0～3岁托育服务需求与政策体系研究》，中国社会科学网，2021年12月3日，http://iple.cssn.cn/shbzx/cgjs/zs/202112/t20211203_5379081.shtml。

② 庞丽娟、范明丽：《"省级统筹 以县为主"完善我国学前教育管理体制》，载于《教育研究》2013年第10期。

高政策执行效率。

三是进一步完善普惠性民办园动态退出机制政策制定。一方面，自愿退出的普惠性民办园须在保证区域内普惠性学前资源稳定的前提下，根据相关流程提交材料，并对退出责任进行划分和规定，避免无序退出和市场资金流失；另一方面，对于强制退出的规定，须强化普惠性民办园质量要求，对评估质量低和整改力度不到位的学校进行警告、警示甚至终止办学的处理，提升普惠性民办园办学质量。①

二、提供差异化学前教育资源，打造普惠特色品牌

提供差异性学前教育服务资源，打造普惠园特色品牌，多措并举增强办学吸引力，是普惠性民办园实现特色优质发展的根本方法。

一是提供差异化普惠性学前教育服务资源。随着社会发展进步，不同家庭对于学前教育服务资源诉求产生不同，普惠性学前教育作为重要的学前教育资源供给方式，需要充分考虑不同需求差异，并提供相应资源服务。例如，不仅要面向经济发达地区、城市地区提供服务，同时要能够覆盖乡村、偏远地区学前教育需求；要考虑普惠性学前教育资源供给边界，重点满足较广泛维度上的学前教育需求。

二是打造普惠园特色品牌。普惠园要赢得生存和发展，需要走出与公办园、非普惠性园不同的特色道路。需要针对家长的特殊需求，树立口碑打造品牌，利用有限的办学经费，在硬件条件受限的情况下，发挥价格适中优势和民办学校灵活调整优越性，打造学前教育改革和发展排头兵，实现特色品牌化发展。

三是多措并举增强办学吸引力。瞄准社会普遍学前教育需求，依托价格适中、办学规范优势，吸引社会中有改善性学前教育需求家庭的目光，打造服务基本盘，不打"价格战"，以教育质量为核心资产促进社会吸引力提升。

三、提升普惠性民办园补助标准，多渠道拓宽资金来源

根据地方社会经济发展现实，适当提高财政补助标准，缩小不同地区财政补助标准差异，拓宽资金来源渠道是普惠性民办学前教育解决经费问题的可行方法。

一是适当提升普惠性民办园内财政补助标准，丰富补助类型。地方政策明确对普惠性民办园参照公办园进行补助的具体比例，并根据现实情况逐年提升资助标准，同

---

① 杨大伟、王红蕾：《我国普惠性民办园支持政策的现状、问题及其完善建议——基于对 34 份相关政策文本的分析》，载于《学前教育研究》2021 年第 12 期。

时，合理应用多种补助方法，以提升普惠性民办园办园质量，满足普惠性入园需求为目标，可不定时性提供目标达成奖励、学位扩充奖励等。

二是不断缩小不同地区财政补助标准差异。对普惠性民办园补助标准不能简单以东西部公办园拨款为基准进行划拨，对普惠性民办教育来说，西部欠发达地区发展相较于东部更为困难，东部城市地区对改善性学前教育资源接受度高，选择人群多，学费收入相对更多一些，西部地区的普惠性学前教育则主要提供满足地方普惠性学位需求的功效，选择人群、学费收入定价都无法与东部相比。当下，中西部地区 200 元/年的生均拨款难以支持普惠性民办园在保证质量的前提下有序发展。[1]

三是多渠道拓宽资金来源渠道。除积极争取政府财政支持外，适当鼓励金融机构针对普惠性民办园开展金融贷款业务，对有扩大办学规模和改善办学条件的园所提供信贷支持，同时，对借贷资金进行专项管理与审计，确保资金用于园所办学发展。同时，部分省份已经采取积极措施，对接公益性组织，鼓励企业和个人向普惠性民办园捐赠或设立发展基金，切实支持普惠性民办园发展。[2]

四、畅通民办园教师发展道路，增强教师队伍获得感

影响教育质量的关键在于教师，教师水平决定民办园教育质量的上限。民办园需要提升教师权益保障水平，畅通教师发展道路，增强教师教育服务获得感。

一是整体提升教师权益保障水平。根据教师劳动付出适当调高教师基本工资，调整劳动合同中关于五险一金相关条款，足额缴纳五险一金。制定企业年金和补充养老保险缴纳计划，供有需要的老师选择。

二是拓宽民办园教师发展道路。合理规划民办园教师发展路径，畅通教师职称晋升渠道，提供职称晋升相应培训服务。同时，分类规划教师发展方向，将教育教学、日常管理和对外对接服务人员进行区分，争取做到专人专岗，帮助教师积累相关发展经验，畅通职业发展道路。

三是增强教师教育服务获得感。一方面，强化民办园教师教学情感培育和教学效能感提升，激发教师教学热情，强化教学效果，帮助教师感受自身教育服务的价值和魅力；另一方面，予以适当激励，对教育教学优秀教师进行奖励与推优，增强教师教育服务获得感。

---

① 杨大伟、王红蕾：《我国普惠性民办园支持政策的现状、问题及其完善建议——基于对 34 份相关政策文本的分析》，载于《学前教育研究》2021 年第 12 期。

② 河南省教育厅：《对省政协十二届三次会议第 1230316 号提案的答复》，河南省教育厅，2020 年 7 月 8 日，https：//jyt. henan. gov. cn/2020/07 - 08/1748560. html。

五、健全民办园风险防范机制，保障学前教育安全发展

健全民办园风险防范治理机制，推动基本安全保障措施建设，鼓励民办园以安全保障为建设重点进行宣传，是推动民办园在园安全的可行手段。

一是健全民办园风险防范治理机制。强化园所领导安全管理责任，建立园所安全责任制，不同年级主任具体负责本年级安全保障工作。同时，针对园所内可能存在的安全风险进行提前摸排，针对处理。对消防安全、饮食安全、卫生安全、设施安全等影响儿童成长的关键领域进行重点排查，建立定期检查和随机抽查机制，强化安全治理水平。

二是推动民办园基本安全保障措施建设。园所应规划资金专门用于园所安全场地改造，对于通报必须整改的地方积极整改，同时，组织专家集中宣讲安全保障相关要求和具体操作，提升教师安全保障意识。园所日常会议及教职工会议时可安排幼儿园安全隐患案例进行警示教育，全方位提升教职工安全保障意识。

三是鼓励民办园以安全保障为建设重点进行宣传，推动安全保障特色校建设。受困于民办园保障经费不足，安全保障经费往往难以足额到位，可以通过鼓励民办园宣传自身安全保障建设成效，推动建设一批安全保障特色校，转被动达标为主动宣传，在满足社会需求的同时扩充资金来源渠道。

六、提升托育服务能力与质量，扩大普惠性托位建设

提升托育服务供给能力与质量，扩大普惠性托位建设，规范民办园托育服务管理是未来民办托育服务的重要发展方向。

一是提升托育服务供给能力与质量水平。托育服务是民办园解决招生难，资金不足困境的有益探索。民办园托育服务能力提升需要通过提升教育水平、降低师幼比、提供专业师资、托幼一体化培养等内容进行探索。

二是扩大普惠性托位建设供给能力。破解托育服务收费偏高问题，需要从扩大普惠性托位建设入手，园所需积极对接地方普惠性托位建设要求，改造自身服务条件，同时，降本增效提升托育服务水平，确保普惠性托位托育质量。

三是规范民办园托育服务管理。开展托育服务的民办园要积极对接国家卫生健康委制定的《托育机构设置标准（试行）》和《托育机构管理规范（试行）》要求和地方托育机构认定管理办法的规定，以同等要求规范自我建设，加强对托育服务从业人员的培训和考核，提高他们的专业素养和服务能力，提高托育服务质量与安全水平。

第三章　促进民办中小学特色多样发展

我国民办中小学经历了快速发展和显著变革，数量和质量均有提升，在满足公众多样化教育需求的同时，也为教育创新和改革探索了新路径。2022 年教育部统计数据显示，我国基础教育阶段小学、初中和高中发展比较均衡，民办小学、初中和高中学校数分别为 5 056 所、5 479 所和 6 373 所；教职数工分为 257 254 人、649 721 人和 961 458 人；在校生数分为 7 748 632 人、5 819 863 人和 7 740 302 人，具体见表 3 – 1。

表 3 – 1　　　　2022 年各级各类民办学校校数、教职工、专任教师情况

	学校数（所）	教职工（人）	专任教师数（人）	毕业生（人）	招生数（人）	在校生数（人）
高中阶段	6 373	961 458	712 240	2 067 690	2 884 388	7 740 302
初中阶段	5 479	649 721	483 055	2 140 733	1 595 788	5 819 863
小学阶段	5 056	257 254	189 741	1 635 166	874 425	7 748 632

　　资料来源：中华人民共和国教育部，http://www.moe.gov.cn:8180/jyb_sjzl/moe_560/2022/quanguo/202401/t20240110_1099538.html。

发展至今，民办中小学已在多个层面展现出积极影响。例如，诸多民办中小学在国际课程教学、信息技术应用、特色艺术教育等领域取得了显著成效，不仅提升了在校学生的综合素养，还为公办教育体系提供了可借鉴的经验。民办学校的存在也促使公办学校在竞争中不断改进和创新，促进了我国中小学教育教学质量和管理水平的提升。但我们也应该看到，民办中小学还存在发展不均、师资不稳、同质重复等问题，需要各地进一步规范和引导民办中小学健康发展。

第一节　促进民办中小学特色多样发展的基本做法

近年来，为有效落实政府在义务教育方面的职责，国务院和教育部等中央机构在

完善民办中小学法律政策、规范民办中小学监督和管理、促进公办和民办中小学均衡发展、加强校内外民办中小学协同整治等方面推出了一系列政策措施，力求提升民办中小学教育质量。地方政府积极响应中央号召，通过建立和完善地方教育法规和实施细则，加强对民办学校的监管和指导，确保民办学校遵守教育质量标准和运营规范。

一、完善民办中小学法律和区域政策

完善法律政策可以营造健康的教育环境，有效提升民办中小学教育质量。2021年以来，中央政府相关部门对民办中小学的法律政策进行了完善和调整，以增强监管力度，确保教育公平并促进教育行业的健康发展。2021年4月，国务院公布修订后的《中华人民共和国民办教育促进法实施条例》，在第七、第八、第十三、第二十九、第三十一条等条款中对义务教育阶段民办学校作出明确规定。例如，义务教育阶段不得举办营利性民办学校；实施义务教育的公办学校不得举办或参与举办民办学校；实施义务教育的民办学校不得使用境外教材；义务教育阶段民办学校招生实行"公民同招"。[1] 2022年，教育部深入推进"双减"政策，全面落实免试就近入学全覆盖和"公民同招"，指导各地完善学校划片政策，支持和规范民办教育健康发展。同年12月，中共中央、国务院印发《扩大内需战略规划纲要（2022~2035年）》，提出"鼓励社会力量提供多样化教育服务，支持和规范民办教育发展，全面规范校外教育培训行为，稳步推进民办教育分类管理改革，开展高水平中外合作办学"。[2] 2023年8月，教育部颁布《校外培训行政处罚暂行办法》，明确了校外培训行政处罚的实施机关、管辖范围和适用条件。[3] 这些政策的实施不仅改善了民办中小学教育服务质量，而且营造了健康的竞争环境，推动了民办中小学教育的持续进步和发展。

为落实中央政府民办教育相关政策，各省、市陆续出台了相关实施办法和细则。例如，2021年，云南省教育厅等八部门关于印发《规范公办学校举办或者参与举办民办义务教育学校工作方案的通知》。[4] 2022年，浙江省教育厅等四部门关于印发

---

① 国务院：《中华人民共和国民办教育促进法实施条例》，中国政府网，2021年5月4日，https：//www. gov. cn/zhengce/content/2021 – 05/14/content_5606463. htm。

② 中共中央、国务院：《扩大内需战略规划纲要（2022~2035年）》，中国政府网，2022年12月14日，https：//www. gov. cn/zhengce/2022 – 12/14/content_5732067. htm。

③ 《校外培训行政处罚暂行办法》，中华人民共和国教育部，2023年8月23日，http：//www. moe. gov. cn/srcsite/A02/s5911/moe_621/202309/t20230912_1079788. html。

④ 云南省教育厅等八部门：《关于规范公办学校举办或者参与举办民办义务教育学校的工作方案》，云南省人民政府，2021年11月8日，https：//www. yn. gov. cn/ztgg/lqhm/hmzc/jyfz/202201/t20220104_234069. html。

《浙江省校外培训机构预收费管理暂行办法》的通知[1]。2023年，云南省教育厅、云南省发展和改革委员会、云南省财政厅等六部门联合印发《云南省民办学校财务管理及办学资金监管办法（试行）》[2]、内蒙古自治区印发《内蒙古自治区营利性民办学校监督管理办法（2023年修订）》、陕西省教育厅办公室印发《关于做好民办学校2023年招生简章和广告备案工作的通知》、安徽省教育厅《关于做好2023年普通中小学招生入学工作的通知》。2023年6月召开的云南省全省民办教育发展大会指出，省政府建立了民办教育联席会议制度，积极推进城镇小区配套幼儿园治理、落实"双减"政策要求、规范民办义务教育发展、鼓励发展职业教育、加快独立学院转设等。[3] 这些地方性政策有利于各地教育部门在确保教育质量的基础上激发教育市场的活力。同时，各地积极引导和规范民办教育健康发展，围绕确保教育公平、提升教育质量、增强透明度、促进创新和保障学生权益出台了一系列配套政策措施。例如，合肥市委、市政府近年来全面贯彻党的教育方针，认真落实民办教育促进法、民办教育促进法实施条例，坚持以人民为中心发展教育，采取系列举措鼓励、引导规范民办学校提高质量、办出特色，满足多样化教育需求。此外，将"引导规范民办教育发展"作为书记领衔督办市政协重点提案议题。[4] 2023年8月，湖南省发布《关于2023年进一步加强治理教育乱收费工作的通知》，明确"十个严禁"，重拳治理教育乱收费，严禁民办学校乱收费。[5] 同年9月，绍兴市人民政府印发《关于进一步鼓励促进民办教育规范健康发展的实施意见》，对非营利性民办学校实施生均经费补助政策。具体包括：普通高中按公办普通高中生均公用经费的80%进行补助；凡列入当地教育行政部门招生计划的公费班，由政府按上年度同类公办普通高中生均公用经费和人员经费的30%购买服务。中职教育按实施免学费教育后确定的公办学校生均补助标准的80%给予补助。义务教育阶段根据教育行政部门要求免费招收施教区内学生的，由政府按照上年度生均公用经费和人员经费购买服务；其他学生享受同等义务教育生均公用经费基准定额补助和"两免一补"政策。[6] 这些措施有利于各地引导和规范民办基础教育健康发展，保障学生权益。

---

① 浙江省教育厅等四部门：《浙江省校外培训机构预收费管理暂行办法》，浙江省教育厅，2022年1月14日，https：//jyt.zj.gov.cn/art/2022/1/14/art_1542330_58918627.html。

② 云南省教育厅等六部门：《云南省民办学校财务管理及办学资金监管办法（试行）》，云南省人民政府，2023年8月6日，https://www.yn.gov.cn/zwgk/zfgb/2023/2023d23q/sjbmwj/202312/t20231229_292744.html。

③ 陈鑫龙：《推动全省民办教育高质量发展》，载于《云南日报》2023年6月12日。

④ 郭伟、张本庆、胡方玉：《引导规范民办教育发展》，载于《人民政协报》2023年11月29日。

⑤ 湖南省治理教育乱收费办公室：《关于2023年进一步加强治理教育乱收费工作的通知》，华容县政府网，2023年8月28日，https：//www.huarong.gov.cn/uploadfiles/202309/20230904161151975 49.pdf。

⑥ 《绍兴市人民政府关于进一步鼓励促进民办教育规范健康发展的实施意见》，绍兴市人民政府，2023年9月5日，https：//www.sx.gov.cn/art/2023/9/13/art_1229265242_1888447.html。

二、规范民办中小学督导评估和管理

加强对民办中小学的监督和管理有利于确保教育公平，提升民办中小学的服务水平和社会信任度。2021年5月，中共中央办公厅、国务院办公厅出台《关于规范民办义务教育发展的意见》（以下简称《意见》），落实政府对民办义务教育的责任。《意见》包含原则上不再审批民办义务教育学校、严禁"公转民"、力推"民转公"、禁止外籍人员子女学校招收中国公民子女就读、调控民办义务教育学校高收费等诸多内容。[①] 2021年11月，教育部办公厅印发关于《民办中小学年度检查指标体系（试行）》通知，要求各省、自治区、直辖市教育厅（教委）结合实际参照执行。《民办中小学年度检查指标体系》共包括6个一级指标，分别是党的建设、办学条件、依法治校、财务资产管理、办学行为、师生权益，每个一级指标设置相应的二级指标和若干指标观测点，共计30个二级指标和87个指标观测点。[②] 这些措施为民办教育健康发展提供了持续动力。

各地民办中小学督导评估工作主要由省（直辖市）级、设区市和县（市、区）教育主管部门负责，集中在学校发展性督导评价和民办学校年检等方面。近年来，各省份教育主管部门因地制宜出台了一批具有代表性的督导评估政策和指导意见。例如，2022年1月，上海市人民政府教育督导委员会办公室印发了关于《上海市义务教育阶段学校发展性督导评价指导意见》的通知，要求区教育督导部门每3～5年对辖区内的公办、民办义务教育学校至少实施一次综合督导评价。2023年11月，云南省教育厅向社会公开征求《云南省民办学校督导评估办法（试行）》和《云南省民办学校督导评估指标体系（试行）》意见建议。这些政策有利于促进区域民办基础教育健康发展。各地政府教育主管部门也非常重视民办中小学的年检工作。例如，2021年，湖北省教育厅印发包括11个方面在内的《湖北省民办学校年检办法（试行）》，并规定民办中小学年检工作主要由区（县）教育局实施。2023年，渭南市临渭区教育局发布了《关于做好2023年度民办学校年检工作的通知》，年检范围包括经市、区教育行政部门批准成立、具有合法有效的民办学校办学许可证的民办中小学。同时，各地成立了民办教育协会，不少地区设立了中小学教育分会，如上海民办教育协会、四川民办教育协会还成立了中小学教育专业委员会，浙江省民办教育协会设有中

---

① 中共中央办公厅、国务院办公厅：《关于规范民办义务教育发展的意见》，中国政府网，2021年5月16日，https://www.gov.cn/zhengce/2021-08/25/content_5633202.htm。

② 教育部办公厅：《民办中小学年度检查指标体系（试行）》，中华人民共和国教育部，2021年11月，http://www.moe.gov.cn。

小学教育分会。

三、实施公民同招政策促进均衡发展

促进公办民办中小学均衡发展是我国实施教育现代化和优质均衡战略的关键步骤。通过"公民同招"等政策确保公私教育资源的合理配置和高标准管理，可以有效地提高教育整体质量，缩小不同地区和不同学校之间的教育差距。2021 年 7 月，教育部等八部门《关于规范公办学校举办或者参与举办民办义务教育学校的通知》要求对"公参民"学校进行专项规范治理。2022 年 3 月，教育部办公厅发布《关于进一步做好普通中小学招生入学工作的通知》，要求全面落实公民同招政策，坚持民办义务教育学校招生纳入审批地统一管理，禁止跨设区的市招生，同时明确规范民办普通高中招生政策，进一步压减优质公办普通高中和民办普通高中跨区域招生计划，确保按照国家有关规定如期全面实现属地招生和公民同招。[①] 2023 年 5 月，教育部办公厅发布《关于做好 2023 年普通中小学招生入学工作的通知》，要求全面落实义务教育"公民同招"政策，加快推进使用统一招生入学服务平台，切实做到民办义务教育学校报名人数超过招生计划的，在有关部门监督下，实行电脑随机录取；同时要求深化普通高中招生管理改革，进一步压减公办和民办普通高中跨区域招生计划，确保到 2024 年全面实现属地招生和"公民同招"。[②] 2023 年 6 月，中共中央办公厅、国务院办公厅印发《关于构建优质均衡的基本公共教育服务体系的意见》，要求全面推进义务教育免试就近入学和公办民办学校同步招生政策。

有的民办学校或者优质公办学校参与举办的民办学校利用灵活机制，"掐尖"招生，"虹吸"了区域内优秀生源。为有效解决这一问题，各地逐步细化公民同招政策方案，核心是确保公平性、透明性、可持续性和包容性。近年来，各地已经陆续明令禁止跨区域招生。西安市规定，公办学校按照学区划分就近入学，民办义务教育学校与公办学校同步报名、同步招生。[③] 2023 年 5 月，扬州市教育局召开新闻发布会，正式公布了 2023 年全市义务教育学校招生入学政策，全面实行公办民办义务教育学校同步招生。[④] 同年，佛山市教育局特别修订了民办义务教育学校招生工作实施方案，

① 教育部办公厅：《关于进一步做好普通中小学招生入学工作的通知》，中华人民共和国教育部，2022 年 3 月 29 日，http://www.moe.gov.cn/srcsite/A06/s3321/202204/t20220401_612689.html。

② 教育部办公厅：《关于做好 2023 年普通中小学招生入学工作的通知》，中华人民共和国教育部，2023 年 5 月 18 日，http://www.moe.gov.cn/srcsite/A06/s3321/202305/t20230522_1060742.html。

③ 杨海琴：《民办学校报名人数超计划实行电脑随机录取》，载于《陕西科技报》2023 年 6 月 14 日。

④ 刘冠霖、肖讷、胡迪：《义务教育学校招生入学政策公布》，载于《扬州日报》2023 年 5 月 20 日。

强调要进一步落实公办、民办义务教育学校同步招生政策。[①] 同年 6 月，银川市发布普通中小学招生入学工作方案，明确要求全面落实"公民同招"，对于基本办学条件不达标的民办义务教育学校，"一校一策"建立整改台账，对于经整改仍不合格的，逐年核减招生计划。[②] 南昌市也提出了高中阶段公办、民办学校同步招生的要求，同时进一步满足新时代科学选才和招录多样化的需要，进一步规范普通高中招生秩序和招生行为，使中招与高招有机衔接，完善招录标准和规范招录程序，持续深化新时代教育评价和高中育人方式改革，有效维护教育公平。[③]

四、加强校内外民办中小学协同整治

民办教育覆盖校内和校外教育，实施"双减"政策以及加强对校外民办教育培训机构的监管，是中央政府近年来关注的关键民生议题。2021 年 6 月，教育部办公厅发布《关于成立校外教育培训监管司的通知》。通知明确：经中央编委批准，教育部成立校外教育培训监管司。[④] 校外教育培训监管司成立后，陆续出台了一系列"双减"政策文件，为校外民办教育机构健康发展提供了有效保障。紧随其后，2021 年 7 月，中共中央办公厅、国务院办公厅印发了《关于进一步减轻义务教育阶段学生作业负担和校外培训负担的意见》，对校外培训机构的资质、培训行为、财务管理等做出了明确细致的规定。[⑤] 2022 年 1 月到 12 月，教育部等部门集中发力，陆续发布了《关于认真做好寒假期间"双减"工作的通知》[⑥]《关于选荐校外培训社会监督员的通知》[⑦]《关于加强教育行政执法 深入推进校外培训综合治理的意见》《关于开展义务教育阶段学科类校外培训治理"回头看"工作的通知》[⑧]《校外培训机构消防安全

---

① 邹婷婷、王蓉丹：《民办学校志愿填报有较大调整》，载于《佛山日报》2023 年 4 月 8 日。
② 银川市教育局：《银川发布 2023 年普通中小学招生入学方案》，载于《银川日报》2023 年 6 月 14 日。
③ 万晓霞：《"公民同招"政策快问快答》，载于《南昌日报》2023 年 3 月 23 日。
④ 教育部办公厅：《关于成立校外教育培训监管司的通知》，中华人民共和国教育部，2022 年 6 月 15 日，http://www.moe.gov.cn/srcsite/A04/s7051/202106/t20210615_538134.html。
⑤ 中共中央办公厅、国务院办公厅：《关于进一步减轻义务教育阶段学生作业负担和校外培训负担的意见》，中华人民共和国教育部，2021 年 7 月 24 日，http://www.moe.gov.cn/jyb_xwfb/gzdt_gzdt/s5987/202107/t20210724_546566.html。
⑥ 教育部办公厅：《关于认真做好寒假期间"双减"工作的通知》，中华人民共和国教育部，2022 年 1 月 6 日，http://www.moe.gov.cn/srcsite/A29/202201/t20220107_592907.html。
⑦ 教育部办公厅：《关于选荐校外培训社会监督员的通知》，中华人民共和国教育部，2022 年 1 月 25 日，http://www.moe.gov.cn/srcsite/A29/202202/t20220222_601222.html。
⑧ 教育部办公厅：《关于开展义务教育阶段学科类校外培训治理"回头看"工作的通知》，中华人民共和国教育部，2022 年 4 月 1 日，http://www.moe.gov.cn/srcsite/A29/202204/t20220402_613211.html。

管理九项规定》①《关于做好 2022 年暑期校外培训治理有关工作的通知》②《关于进一步加强学科类隐形变异培训防范治理工作的意见》③《关于规范面向中小学生的非学科类校外培训的意见》④ 等政策文件。进入 2023 年以后，国家教育部门继续深化校外教育治理力度。同年 1 月，教育部办公厅发布《关于做好 2023 年寒假期间校外培训治理有关工作的通知》，做好假期校外培训监管工作⑤；同年 4 月，教育部办公厅、中国消费者协会秘书处发布《关于开展校外培训"平安消费"专项行动的通知》，力求全面预防"退费难""卷钱跑路"等问题，有效解决学生家长合理退费诉求⑥；同年 6 月，发布《关于做好 2023 年暑期校外培训治理有关工作的通知》，继续推进假期校内外"双减"工作；同年 7 月到 12 月，教育部等部门又印发了《关于做好校外培训机构从业人员准入查询工作的通知》《关于在深化非学科类校外培训治理中加强艺考培训规范管理的通知》《关于进一步规范义务教育课后服务有关工作的通知》《关于做好 2024 年寒假期间校外培训治理有关工作的通知》等政策。这些措施有助于减轻学生负担并确保教育质量，提升教育服务的整体水平。

　　总体来看，国家和地方出台的涉及民办中小学的相关政策集中在加强监管、促进公平、保障质量等方面，具有明确规范、强调公正、注重教育质量和公众利益的特点。这些政策通过确立更严格的准入和监督机制，确保民办学校在提供教育服务时遵循高标准的教育质量要求，同时保护学生和家长的权益。相关政策及其实施细则有利于消除市场中的不公平竞争，营造健康的教育环境。

第二节　促进民办中小学特色多样发展的主要成效

　　民办教育与公办教育同样肩负着培养人才、服务国家的重要使命。2021 年以来，我国的民办中小学在满足基础教育需求、提升教育质量、推动教育创新、加强师资队伍建设、改善教育设施以及实现教育国际化等方面取得了不少成效，这些成效体现了

---

①　教育部办公厅、应急管理部办公厅：《校外培训机构消防安全管理九项规定》，中华人民共和国教育部，2022 年 5 月 26 日，http：//www.moe.gov.cn/srcsite/A29/202206/t20220606_634978.html。

②　教育部办公厅：《关于做好 2022 年暑期校外培训治理有关工作的通知》，中华人民共和国教育部，2022 年 6 月 23 日，http：//www.moe.gov.cn/srcsite/A29/202206/t20220624_640325.html。

③　教育部办公厅等十二部门：《关于进一步加强学科类隐形变异培训防范治理工作的意见》，中华人民共和国教育部，2022 年 11 月 24 日，http：//www.moe.gov.cn/srcsite/A29/202212/t20221212_1032088.html。

④　教育部等十三部门：《关于规范面向中小学生的非学科类校外培训的意见》，中华人民共和国教育部，2022 年 12 月 28 日，http：//www.moe.gov.cn/srcsite/A29/202212/t20221229_1036959.html。

⑤　教育部办公厅：《关于做好 2023 年寒假期间校外培训治理有关工作的通知》，中华人民共和国教育部，2023 年 1 月 4 日，http：//www.moe.gov.cn/srcsite/A29/202301/t20230110_1038899.html。

⑥　教育部办公厅、中国消费者协会秘书处：《关于开展校外培训"平安消费"专项行动的通知》，中华人民共和国教育部，2023 年 4 月 28 日，http：//www.moe.gov.cn/srcsite/A29/202305/t20230505_1058412.html。

民办教育在我国教育体系中的重要作用。

一、满足选择性教育需求

随着社会经济的发展和家庭教育观念的转变，越来越多的家长和学生寻求符合个人兴趣、特长和职业规划的教育路径。许多民办中小学适应教育需求趋势，为家长和学生提供了多样化的教育选择，展现了独特优势。同时，在一线城市或是一些省会城市，民办中小学不仅缓解了流入人口增加带来的学位紧张问题，也满足了家长和学生的个性化教育需求。例如，每年的报名情况显示，杭州市一些民办中小学学校深受家长喜爱。在这些学校中，学校提供寄宿制教育，有的则为家长提供了根据家庭情况选择是否寄宿的自由。[①] 2022 年，湖南省的民办学校数量达到了 1.05 万所，拥有在校生 238 万人。湖南的民办高中一直在积极探索满足学生个性化学习需求的解决方案。例如，长沙市某中学始终坚持为每位学生提供适合其发展的教育，不仅根据社会对人才需求的变化开设了足球、美术和音乐舞蹈等特色课程，还创新引入了普职融合班，以适应教育发展的新趋势。[②] 总体而言，民办中小学在提供个性化教育服务方面正在不断创新和尝试，以适应教育市场的变化，满足家庭以及学生的多样化需求。

二、民办与公办学校协同发展

优良的教育生态不应局限于单一模式，民办学校和公办学校之间应是互补和共同赋能的关系。民办学校在开发特色课程和组织学生活动方面往往更具创新性和尝试精神，这些经验能为教育生态系统带来新的活力。公办学校在教师专业发展、教学资源配置等方面展现出明显优势，这都是民办学校可以学习和借鉴的重要资源。公办学校通常在教学和研究结构上更为稳定，而民办学校教师则能够迅速响应学生需求，持续提升教学技能。[③] 通过这种协同互补的方式，两种学校可以互相学习，共同推动教育质量的提升。近年来，民办学校在托管公办薄弱学校方面发挥了积极作用。例如，浙江省芳庄乡决定把山区乡村学校交给优质民办学校托管，不到一个学期，该乡的办学质量得到显著提升。[④] 公民办教育协同合作最有效的方式就是集团化

---

① 姜晓蓉：《杭州热点民办小学到底好在哪里》，载于《都市快报》2016 年 3 月 3 日。
② 杨斯涵、黄京：《专家大咖聚焦民办高中多样化，共同探索高质量发展路径》，载于《三湘都市报》2023 年 4 月 27 日。
③ 王星：《摒弃掐尖抢跑，营造更多元生态》，载于《文汇报》2024 年 4 月 27 日。
④ 江南：《浙江建设教育共同体，探索义务教育"乡村弱"现象的破解之道》，载于《人民日报》2021 年 4 月 2 日。

办学。通过集团化办学，可以有效地促进民办学校和公办学校之间的资源共享与协同发展。例如，深圳市不断优化公民办结构，推动民办学校分类改革、分层发展，旨在形成资源充分、选择多元的基础教育格局。2023年拟新立项25个优质基础教育集团培育对象，到2025年组建80个优质教育集团，实现全市公办义务教育学校集团化办学全覆盖。① 总之，通过民办学校托管公办学校以及集团化办学的方式，可以更好地实现民办与公办学校的资源整合和优势互补，促进教育的均衡发展，提高教育系统的整体效率和效益，为现代教育管理和发展提供策略方向。

三、持续探索教育创新

民办学校由于其运营的灵活性，往往更容易引入和实验新的教育理念和教学方法。这包括采用国际课程体系、实施小班授课以及提供个性化学习计划等。这些创新做法能为公立学校提供可借鉴范例，推动教育行业进步。很多学校成功实施了STEM教育、艺术教育等特色课程，这不仅丰富了学生的学习体验，也激发了学生的创造力和探索精神。例如，杭州市某民办小学率先全面推行了"小班化教育"，并提供了近五十种特色选修课程。其中，关于"非物质文化遗产"的木版水印课程以及模拟联合国、未来工程师、NASA等国际高端课程特别受学生欢迎。学校还设有一个名为"数学π空间站"的数学博物馆，内部收藏了几百套数学玩具以及国内外杰出的数学教材和读物，引入了先进的智慧学习桌，这些设施显著增强了学生对数学学习的热情。② 此外，民办学校通常在技术应用方面更为前卫，能为学生提供个性化学习路径和资源，如在线学习模块、教育软件和互动教学等。例如，深圳市某民办学校与科大讯飞股份有限公司携手创建了"科创信息化建设合作学校"，双方计划开发以智能技术为支撑的学校教育治理大数据模式，致力于建设新型技术支持下的创造型智慧教师队伍，并创新学生学习模式。③ 由此可见，民办学校在教育理念、教学方法、技术融入等方面的创新探索具有深远的意义，不仅为教育提供了新的方法和手段，还推动了整个教育领域向更现代化、个性化和高效化的方向发展。

四、课程设置丰富多样

民办基础教育在推动中小学教育质量提升方面起到了积极作用。许多民办中小学

---

① 周元春：《深圳基础教育持续增量提质》，载于《深圳特区报》2023年10月23日。
② 姜晓蓉：《杭州热点民办小学到底好在哪里》，载于《都市快报》2016年3月3日。
③ 谢粤蕾：《深圳中澳实验学校"牵手"科大讯飞 打造个性化学生学习模式》，载于《南方都市报》2023年5月19日。

投资建设了现代化教学设施，如科技实验室、体育设施、艺术中心等，提供了更为优质的教育环境和课程资源，有利于促进学生的全面发展。丰富多样是这些学校在课程设置上的突出特点之一，这不仅体现了其教育创新的精神，也反映了其对教育市场需求的敏感度和适应性。例如，有些民办小学提供的课程丰富且具有独特特色，如魔法作文、数学乐园、男篮女舞等校本课程广受学生欢迎。这些课程的教材由校内教师自主编写，符合学生的学习需求，有利于学生的个性化发展。大关小学则在课程设置上更为多元，开设了国际理解课程，为学生提供了更广阔的学习视角，对有民乐特长的学生，学校提供了培养机会。杭州某民办学校在课程文化建设方面进行了创新，打破了传统课程之间的界限，将数学、语文、英语、科学和音乐等融合，开设了戏剧与动漫创意课程、STEM 与创客课程、语言探索课程等，并采用了长短课、微课、多位教师共授等多种教学形式，以满足学生多样化学习需求，促进他们全面且个性发展。[①]此外，民办学校鼓励跨学科学习，通过将不同学科内容融合的方式增加学习的趣味性和实用性，如科学与艺术、技术与数学等。在成都市新都区，某民办学校除了提供国家规定的基础课程外，还增设了美际艺术课程和天赋优能课程以丰富学生的学习体验。同样在成都某外国语学校则建立了一个科学化且具有特色的校本课程体系，提供了 88 门不同的选修课程供学生选择，以满足不同学生的学习需求，促进学生能力的多元发展。[②] 总体上看，民办学校的课程设置通常更为丰富多样，它们能够根据学生的兴趣、需求和市场趋势，提供包括国际课程、特色艺术和科技课程在内的多种教育选择。这种灵活性使得民办学校能够更快地适应教育创新和全球教育趋势，为学生打开更广阔的学习和发展空间，从而更好地迎接未来的挑战。

五、国际化程度稳步提高

随着全球化进程的加深，世界各国的经济、文化和教育越来越多地相互依赖和交融。与此同时，不同家庭和学生越来越希望通过国际化的教育提升自身竞争优势，渴望高质量的国际化教育。近年来，民办学校积极响应这一需求，不断提升国际化程度，取得了一定成效。这主要体现在开设国际化课程、优化教师团队、加强学校合作、增加海外升学机会等方面。在开设国际化课程方面，它们成功引入了多样的国际课程体系，如 IB、A-Level 和 AP 课程。在优化教师团队方面，通过聘请具有国际背

---

① 姜晓蓉：《杭州热点民办小学到底好在哪里》，载于《都市快报》2016 年 3 月 3 日。
② 成都市三原外国语学校：《探索跨学科融合，打造劳动教育新样态!》，成都市三原外国语学校，2020 年 12 月 31 日，https：//www. syfls. net/single. aspx?m = xwzx_news&id =6507。

景的教师和推行英语教学的方式，民办学校有效提高了教学质量和学生的语言能力。在加强学校合作方面，通过与海外学校进行合作交流，民办学校提升了学生的跨文化理解与沟通能力。在增加海外升学机会方面，一些民办中小学强化了国际化教育方向，并结合我国本土文化基因，为学生提供了更多接触国际文化和海外升学机会。例如，杭州市新世纪外国语学校的小学部，一年级开设了"小外交官"课程班，希望让学生在不脱离中国本土文化的基础上接受国际教育。① 北京某民办学校则大力推广多语种教学，积极推动课程改革，建立了多元的课程体系和考试测评体系。学校还定期组织来自近五十个国家的国际交流活动，创建了一个国际化的学生合作交流平台。这些努力不仅实现了本土教育的国际化，还成功培养了许多具备双语或多语言能力的国际复合型人才和"未来外交官"。② 民办学校在推动国际理解教育方面也作出了积极的努力，通过实施多元化的国际课程和文化交流活动，这些学校有效地培养了学生的全球视野和跨文化交流能力。他们通常组织国际节日庆典、学生交换项目和模拟联合国等活动，使学生在实践中学习和体验不同文化的多样性。此外，民办学校还强调批判性思维和开放讨论的重要性，鼓励学生就全球问题进行思考和讨论，从而深化对国际关系和文化差异的理解和尊重。这些教育实践不仅加深了学生对世界的认识，还为他们将来在国际舞台上的发展奠定了坚实的基础。总之，民办学校的国际化程度提高，不仅是响应全球化和市场需求的结果，也是其自身持续发展和竞争力提升的必然选择。通过国际化教育，民办学校能够提供更广泛的教育视角和更多元的学习机会，帮助学生为未来的国际舞台做好准备。

第三节　促进民办中小学特色多样发展的问题堵点

近几年，虽然我国民办中小学在多个方面取得了显著的进展和成效，但也面临着一些发展困境和存在的短板。其中，教育质量参差不齐仍是突出问题，部分民办学校为追求利润最大化，可能忽视教育质量的持续投入和师资力量的稳定，导致教育服务质量下降。

一、民办中小学监管有待强化

尽管相关政策不断完善，但在实际执行过程中，对民办学校的监管仍然存在一些

---

① 姜晓蓉：《杭州热点民办小学到底好在哪里》，载于《都市快报》2016 年 3 月 3 日。

② 北京王府学校：《聚焦国际化教育 | 北京市政协联合调研组调研考察王府学校》，北京王府学校，2019 年 4 月 10 日，https：//www.brs.edu.cn/28382.html。

难度，主要体现在外部监管和内部治理两方面的问题。

从外部监管看，主要涉及监管资源、监管技术以及政策执行情况等方面。首先，教育监管机构在实际操作中往往面临人力和财力资源不足的问题，相关监管机构难以对分布广泛的民办学校进行全面有效的常规检查和监督，政策执行覆盖面有待加强。其次，监管技术和手段需更新。许多监管机构在数据处理、信息共享和远程监控等方面的水平有待提高，利用现代技术增强监管实时性和准确性的能力有待增强。最后，不同地区在教育政策的理解和执行力度上存在差异，这种不均衡不仅可能导致监管盲区，也可能加剧教育鸿沟。

从内部治理看，主要体现在管理结构不稳定、管理方式不完善、财务不透明等方面。首先，在一些民办学校中，为了追求快速的经济回报，可能频繁更换校长或管理团队，这种高频率的更换会影响学校政策的连贯性和教师团队的稳定性。其次，一些民办学校的家族式管理模式对学校发展不利，主要表现在管理模式的封闭性、决策的非专业性和继承计划的不透明性。这种管理方式往往导致决策过程过于集中，缺乏多元视角和专业管理知识，难以适应教育市场和教育政策的快速变化。在这种模式下，学校的战略方向可能受到个人偏好和家族利益的影响，对学校的长远发展不利。家族式管理也可能导致师资选拔和晋升机制不够公开公正，这不仅影响教师队伍的稳定性和教育效果，也可能会损害学校的公信力和吸引力。最后，部分民办学校的财务状况和资金流通缺乏足够的透明度，这可能导致民办学校的资金使用效率低下或使用不当，影响学校的健康发展。

二、民办中小学均衡发展有待提升

近年来，虽然已有不少民办学校提高了教育教学质量，但民办学校内部仍存在教育质量参差不齐的问题。特别是一些小型或新成立的民办学校，可能因为缺乏经验或教学资源不足而难以保证教育教学质量。

一方面，高收费的民办学校通常配备先进的教育设施，聘请有资质的教师，并提供优质的课外活动及国际课程，吸引中高收入家庭子女就读。这类学校往往注重学生的全面发展和国际竞争力，为学生提供优质的教育资源。与之相反，为农民工子女设立的民办学校通常面临资源和资金的重大挑战。这些学校虽然为低收入家庭提供了接受教育的机会，但由于资金限制，它们常常难以提供与高收费学校相同水平的教育设施和师资力量。这类学校的存在部分地反映了我国教育资源分配不均的问题。同时，部分学校在师资力量、教育设施以及管理体系上不够完善，导致无法提供与成熟学校相匹配的教育服务。缺乏有效的教学监督和持续的专业发展机会也常使教师的教学方法较为传统，教育理念和技术较为落后。

另一方面，教育资源多样化且教学水平较高的民办学校一般能够吸引家庭经济状况较好的求学者。相对而言，部分公办学校由于资金和资源的限制，往往难以提供同等水平的教育环境和个性化教学服务，这导致学生之间的受教育机会存在显著差异。分配不均衡的教育资源进一步加剧了家庭经济条件对学生受教育机会的影响，形成经济筛选机制，低收入家庭的孩子难以负担昂贵的学费，从而在一定程度上增设了他们接受高质量教育的门槛。这些孩子因为无法获得同样的教育资源而在教育竞争中处于不利地位，这不仅影响了这些学生的学习效果，也在更大程度上加剧了社会的不公平。

三、民办中小学师资稳定性亟待重视

良好的师资是保证教育质量的关键，但部分民办学校在师资队伍的稳定性和专业性上存在不足。主要体现为难以吸引和留住优秀教师、教师工作压力大职业前景不稳定等方面。

一方面，由于薪资和职业发展机会的限制，一些民办学校难以吸引和留住优秀教师。这种情况常常导致教师频繁流动，影响教学的连续性和学校的整体教育环境。频繁的教师更替不仅降低了教学质量，还可能导致学生学习进度受阻和学习兴趣下降。此外，教师队伍结构的不稳定也会影响学校的课程设计和长期发展规划，使得学校难以建立稳定的教育品牌和口碑。学校的教师资源波动同样阻碍了教育理念的持续实施和教育成果的长期累积，易使学校在竞争激烈的教育市场中处于不利地位。这种不稳定性会影响学校的整体运营效率和教育服务的质量，对学生的教育体验和学术成就产生负面影响。

另一方面，民办学校的教师可能面临较大的工作压力和不稳定的职业前景，这些因素都可能削弱教师的教学动力和职业满意度。在一些民办学校中，由于财务预算的限制，教师往往需要承担较多的教学任务和班级管理工作。这种过重的工作负担不仅影响教师的工作效率，也可能导致职业倦怠。同时，教师的职业发展路径在民办学校中往往不够明确，晋升和发展机会有限，这使得一些有才能的教师难以看到长期的发展希望。此外，民办学校可能没有足够的资金来支持教师参加进修课程或专业培训，教师专业发展的机会也相对较少。缺乏支持和资源的工作环境，加之不稳定的职业前景，最终可能导致教师流失率增高，给学校带来更多发展挑战。

四、民办中小学同质性需要关注

在利益驱动下，一些民办学校过度强调应试教育，依赖标准化考试，导致教育内容和教学方法趋向同质性，忽视了教育的多样性和创新性。这种现象不仅削弱了学生的批判性思维和创造性解决问题的能力，而且也限制了学生知识领域的广度和深度。

教育的本质在于培养学生的综合能力，推动个体知识、技能和价值观的全面发展。然而，应试教育往往只关注分数，导致课堂变得枯燥乏味，学生的学习动力逐渐下降，他们只是被动地接受知识，缺乏主动探索和学习的热情。由于缺乏创新和个性化的教学内容，学校提供的教育服务往往不能满足学生的学习和发展需求，学生的潜能尚未得到充分发挥。长此以往，由于缺乏处理复杂问题和创新思维的能力，学生在进入高等教育和未来的职业生涯时，容易面临适应困难。

同质性的教育模式还可能限制教育体系内部的创新和进步。在追求规模效益的驱动下，一些民办学校简单复制其他学校模式，导致办学模式等方面的同质化。这种做法虽然可以在短期内扩大学校规模并降低运营成本，但忽视了教育的本质需求和地区性、个体差异性的教育策略，抑制教师的教学激情和专业发展，影响其教学热情和效果。长期来看，这种教育模式的普及可能削弱学校之间的竞争力，限制了家长和学生的选择，影响学校的独特性和吸引力，进一步导致整个教育行业创新动力的缺失，难以适应快速变化的社会需求和未来发展的挑战。

第四节　促进民办中小学特色多样发展的改进思路

针对民办中小学存在的问题堵点，应从加强监管指导，提供多元资助；优化资源配置，鼓励多方合作；提升教师福利，保障多样培训；强化内部管理，公开多种信息；鼓励特色发展，增强多维评估等方面改进完善。重点在于强化教育督导和质量监控，确保教育的质量和效果。通过这些措施，可以有效地提升民办中小学教育的整体水平和公平性，更好地满足社会和学生发展需求。

一、加强监管指导，提供多元资助

政府应加强对民办学校，特别是对义务教育段民办中小学的监管力度，确保这些学校遵循教育标准和相关法律政策，同时，通过提供财政补贴、税收优惠等方式支持它们的发展。

一是加强对民办中小学的监管指导。政府应加大对民办学校的监管力度，确保这些学校遵循教育标准，加强对民办中小学的监管指导。这包括出台明确的收费指导政策，对民办学校的收费上限进行规范，制定明确的监管框架，确立合理的教育质量评估标准，通过定期的审查和评估来监控学校的运营和教学质量。政府教育部门可以建立一个专门的监督机构，负责民办学校的日常监管工作，包括课程内容的审批、教师资格的认证以及学校财务的透明度检查。

二是提供更多的支持和资源。政府应通过多种方式帮助民办学校提高教育服务水平，如提供教师专业发展培训，增加对创新教学方法实践的资助，鼓励民办学校之间以及与公立学校的合作与资源共享。同时，增加奖学金和助学金计划，为经济困难的家庭提供必要的学费支持。这些措施将促进教育公平，提升教育机构的包容性和多样性。

三是提供财政补贴、税收优惠等方式支持民办学校的发展。政府可以通过降低民办学校的运营成本，例如，减免土地使用税、建设税和企业所得税，使学校将更多的资金用于教育水平的提升。同时，提供财政补贴，帮助学校改善教学设施、招聘和保留优秀教师，增加对特殊教育和学生福利的投入。此外，政府还可以设立专项基金，支持民办学校开展特色课程和创新教育项目，鼓励学校通过提供独特的教育服务来吸引更多学生。通过这些财政和税收措施，政府能够有效地支持民办学校的持续发展，同时，确保教育资源的合理分配和教育质量的持续提升。

二、优化资源配置，鼓励多方合作

通过地方政府教育部门统筹协调，建立教育资源共享平台，鼓励民办与公办学校之间、民办优势学校与农民工子弟学校之间，以及与社区、企业的合作，可以更有效地利用现有资源，创新教育模式。

一是强化地方政府教育部门资源统筹力度。地方政府教育部门应制定和执行统一的资源分配政策，确保教育资源在各类学校之间公平分配。这包括制定明确的资源分配方案，依据学校的规模、学生数量和特定需求进行调整。政府教育部门还应建立和维护一个全面的教育资源分布密度与基本情况数据库，包括学校设施、教师资格、教学材料和技术设备的详细记录，以便有效进行资源分配和监督。

二是建立教育资源共享平台，鼓励民办与公办学校之间、民办优势学校与农民工子弟学校之间，以及与社区、企业的合作。通过这种方式，资源较少的学校，如农民工子弟学校，可以获得更多高质量教学资源，提高教育教学质量和人才培养成效。同时，该平台有助于教师分享最佳实践，参与远程研讨会和培训课程，提升教师教学技能和专业知识，促进不同学校间教师的交流和发展。最后，该平台可以促进学校与当地企业和社区的合作，例如，企业可以通过平台提供实习机会、职业培训和资助项目，社区可以参与学校活动的筹划和支持。

三是进一步探索集团化办学和托管模式。通过将单一学校或多个学校集团化管理，可以统一教育资源和管理策略，提高运营效率和教育质量。集团化办学允许学校共享行政资源、教师培训、课程开发和学生服务等，这样不仅能减少单个学校的管理成本，还能通过集体购买和资源共享降低其他运营开销。此外，集团内的学校可以互相学习交流成功的教学方法和管理经验，从而提升整个集团的教育服务水平。托管模式则是指由经验丰富的教育机构来管理一所或多所学校，这种模式特别适用于那些面临管理困难或财务问题的学校。通过托管，这些学校能够利用托管机构的专业知识和资源，改善学校管理和教学质量。托管机构提供专业的教育管理服务，包括但不限于课程规划、教师培训、学生招生和品牌建设，帮助学校恢复和提高其市场竞争力。这种模式还可以引入先进的教育技术和教学方法，创新学校的教育模式和运营策略，从而为学生提供更高质量的教育体验。通过这些措施，可以进一步优化教育资源分配，提高教育质量，促进各类学校的均衡发展。

三、提升教师福利，保障多样培训

为了提升教师的职业吸引力，民办中小学应定期评估并调整教师的薪资结构，改善教学环境并开展定期的专业发展研讨会和培训课程，以保持教师队伍的稳定性和教学质量。

一是定期评估并调整教师的薪资结构，确保与教师的教学工作和专业技能相匹配。这个过程应包括对教师工作量、课程难度、学生反馈和教学进行全面分析，之后基于分析结果建立公正的薪酬机制。为此，可以设立一个独立的评估委员会，由教育专家、学校管理层及教师代表组成，定期审查和更新薪资政策。同时，引入绩效激励机制，为那些在教学和学生辅导中表现突出的教师提供额外的奖励。最后，考虑到教育行业的特殊性，薪资结构不仅应考虑基本工资，还应包括绩效工资、补贴和健康保险、退休福利等全方位的福利计划。这样的薪资和福利结构将有助于吸引和保留优秀教师，同时，也激励教师持续提升自己的教育教学能力，最终提高整体教育质量。

二是改善教学环境，提升教师的工作满意度。这包括升级教室设备，引入智能黑板、学生响应系统和高速互联网，以支持更具互动性的教学方法和提升学校数字技术驱动教学的水平。此外，增设专业实验室和艺术工作室，为科学、技术、工程、艺术和数学（STEAM）课程提供必要的实践设施，帮助教师更有效地实施课程内容，以激发学生的创造力和实验精神。同时，图书资源的丰富也是改善教学环境的重要方面，学校应不间断地更新图书馆藏书，引入电子图书和学术数据库，为教师和学生提供广泛的学习资料和最新的科研成果。最后，为进一步优化教师的工作环境，应增添休息和娱乐设施，如教师休息室、健身房和咖啡区，这些设施可以帮助教师在紧张的教学工作之余进行适当放松。

三是开展定期的专业发展研讨会和培训课程，帮助教师更新教育技术和教学方法。为此，学校应与教育专家和高等教育机构合作，设计和提供针对最新教育趋势、技术工具和教学策略的针对性培训。这些培训不仅应涵盖传统教学方法，还应包括如何有效利用数字工具进行在线教学、如何实施混合学习模式以及如何利用数据分析评估学生表现和调整教学计划。此外，引入跨学科教学方法和全球教育实践的培训也非常关键，这可以帮助教师拓宽视野，提高课堂教学的吸引力和实用性。同时，学校还应鼓励教师参加国内外教育会议，与其他教育工作者交流心得，学习先进经验。最后，通过建立定期评估和反馈机制方式，学校管理层可以持续跟踪教师培训效果，实时更新并优化培训内容和方法，满足教师和学生的实际需求。通过系统化的薪资调整机制和专业发展支持，民办学校能够建立起一个稳定且高效的教师团队，增强教师的职业满意度和对学校的忠诚度，提高他们的职业满意度和教育成效，提升教育教学质量并优化学校教育环境。

四、强化内部管理，公开多种信息

为提高内部管理实效，民办学校需要使用先进的信息技术系统来记录和处理学校运营数据，确保信息的准确性和可访问性；实施一个全面的信息披露策略，定期通过学校网站或社交媒体平台发布关键的运营和教育指标；设立一个由校外专家和家长代表组成的独立监督委员会，负责监督学校管理的透明度和公正性，确保学校的决策和运营符合教育标准和道德规范。

一是使用先进的信息技术系统记录和处理学校运营数据，确保信息的准确性和可访问性。通过实施统一的学校管理软件或教育信息系统，学校可以高效地管理学生档案、教师记录、课程安排、成绩评估以及财务信息。这种系统不仅简化了数据收集和报告流程，还提高了数据处理的透明度和安全性。同时，应用数据分析工具可以帮助学校管理层深入理解教学效果和学生学习行为，从而制定更有针对性的教学策略和学校发展计划。此外，为进一步增强信息系统的功能，学校应定期更新软件和硬件设施，培训相关人员确保他们具备必要的技术技能来操作和维护这些系统。

二是学校应实施一个全面的信息披露策略，定期通过学校网站或社交媒体平台发布关键的运营和教育指标，如学生表现、教师资质、课程更新和财务状况。这个策略应包括明确的时间表和格式指南，确保信息的一致性和易读性，同时能保护学生和员工的隐私。学校可以设立专门的通信团队，负责内容的编写、审校和发布，确保信息的准确性和及时性。此外，学校应开展定期调查，包括家长、学生和教职员工，以收集他们对信息披露内容和方式的反馈，不断优化和调整披露策略。最后，为了增强互动性和透明度，学校还可以定期举办公开日和在线问答会，直接回应公众和家长的疑问，增强相关人员对学校的参与感和信任感。

三是学校可以设立一个独立的监督委员会，由校外专家和家长代表组成，负责监督学校管理的透明度和公正性，确保学校的决策和运营符合教育标准和道德规范。这个委员会应定期检查学校的各种政策和程序，包括财务管理、招生政策、教师招聘和学术成果。委员会应有权访问所有必要的学校记录和数据，进行独立审查，并向学校董事会或其他管理机构提出改进建议。此外，委员会还应负责处理学校内部和外部的投诉，如家长和学生对学校运营的任何关切。为了提高工作效率和透明度，监督委员会可以定期发布公开报告，总结其监督活动的发现和建议，同时公布学校对这些建议的响应和实施情况。这种做法不仅有助于建立公众对民办学校的信任，还能促进学校内部的持续改进和教育质量的提升。通过这种方式，民办学校能够更有效地确保其运营的透明度，在遵守法律法规的同时满足社区的期望和需求，更好地响应监管要求和家长及社会的期望。

五、鼓励特色发展，增强多维评估

为促进学校特色发展，应鼓励学校设计和实施多元化的教学活动和课程、建立多维评估系统，并鼓励学校建立定期的反馈机制，从而全面提升教育质量和学校的竞争力。

一是鼓励学校设计和实施多元化的教学活动和课程，如 STEAM 项目、领导力培训、国际交流项目、社会服务和艺术创作，以确保学生在多方面得到发展。通过整合这些多样化的教育元素，为学生提供一个全面的学习平台，不仅能涵盖科学、技术、工程、艺术和数学领域的综合知识，还包括提升个人领导能力、增加拓展全球视野的机会。为了有效实施这些项目，学校应与各行业专家合作，引入专业资源和讲师，同时利用现代技术手段如虚拟实验室、在线学习平台等，增强教学的互动性和实践性。此外，学校应定期评估这些活动的教学效果，通过学生的反馈和成绩进行调整和优化，确保这些多元化课程真正满足学生的需求和期望，从而在激烈的教育竞争中凸显其独特的教育品质和价值。

　　二是建立多维评估系统。评估系统应包括定期的学生表现评估、同行评审和外部专家审核，以保证评估的全面性和客观性。这个系统应该采用多种评估工具和指标，如标准化测试、项目式学习成果、个人发展档案和行为观察记录。学生表现的评估不仅应关注学术成就，还应评价创造力、团队合作、领导力和社会交往能力等非学术领域。同行评审环节可以让教师相互评价彼此的教学方法和学生指导策略，促进教师之间的学习和经验分享。此外，民办学校还应定期公布评估结果，向所有利益相关者包括学生、家长、教师和管理层提供透明信息。

　　三是学校应通过定期的反馈机制与学生、家长进行互动，收集他们对教育内容和方法的意见，用以调整和改善教学策略和课程设计。学校可以通过在线调查、家长会、学生座谈会以及定期的个别面谈来获取广泛且深入的反馈。同时，为了更有效地分析和利用这些反馈，学校应使用数据分析工具来识别趋势并发现问题。此外，学校应建立一个透明的反馈响应系统，对学生和家长提出的关切给予及时并具体的回应。这不仅能显示学校对质量改进的承诺，还能增强学生和家长的参与感和满意度。最后，为了进一步提升反馈机制的效率，学校还可以设立专门的反馈委员会，由教师、学生、家长和管理层代表组成，负责收集和分析监督反馈信息。这种多维评估系统和全面且持续的反馈机制不仅帮助学校适应教育需求的变化，还能响应教育利益相关者的期望和需求，促进教育环境的持续优化和学校办学水平的提高。

第四章　推动民办高等教育高质量发展

截至 2023 年，我国共有民办高校 789 所，占全国高等学校数（3 074 所）的 25.67%；民办高等教育在学规模 994.38 万人，占全国高等教育在学总规模（4 763.19 万人）的 20.88%。[①] 2010～2022 年，民办高校累计招生 2 628.88 万人，培养毕业生数占全国普通高校毕业生总人数的 20%，[②] 在协助推进高等教育大众化、普及化方面起到关键作用。2024 年是新中国成立 75 周年，是实现"十四五"规划目标的关键一年。民办高等教育高质量发展是建设高质量高等教育体系的重要任务，[③] 是高等教育全面实现高质量发展的题中之义，也是全体民办高校发展的共同目标和必然走向。

第一节　推动民办高等教育高质量发展的基本做法

高质量发展是"十四五"时期我国经济社会发展的战略主题，党和国家出台了一系列相关政策为高等教育、民办高等教育高质量发展指明方向。党的十八大以来，在各级政府部门及教育行政部门的高度重视下，我国民办高等教育的发展产生了深刻变化，内涵式建设取代了粗放式的规模发展。2021 年出台的"十四五"规划纲要明确提出要建设高质量教育体系，提高高等教育质量，构建更加多元的高等教育体系。2023 年是全面贯彻党的二十大精神的开局之年，2024 年是推进落实"十四五"规划的关键之年，全国各领域高质量发展扎实推进。2024 年《政府工作报告》重申强化建设高质量教育体系，强调引导规范民办教育发展。在此背景下，我国民办高等教育

---

① 教育部：《2023 年高等教育毛入学率达 60.2% 提前完成"十四五"规划目标》，中华人民共和国教育部，2024 年 3 月 1 日，http：//www.moe.gov.cn/fbh/live/2024/55831/mtbd/202403/t20240301_1117769.html。

② 别敦荣、李佩娅：《民办高校发展走势与前景》，载于《河北师范大学学报》（教育科学版）2023 年第 6 期。

③ 钟秉林：《民办本科院校要拓展办学视野 聚力高质量发展——本轮学位授权审核工作的启示》载于《中国高教研究》2022 年第 5 期。

正在从内涵式建设逐步转向高质量纵深发展，以整体性重塑民办高等教育的新发展格局。

一、加强党的全面领导

教育是国之大计、党之大计，要确保高等教育为国育人、为党育人，必须坚持党的政治核心地位。高等学校是国家创新主阵地，高校聚集了一批优秀的国家创新主力军。2023 年我国共有民办高校 789 所，占全国高校总数超过 1/4；在校生近 1 000 万人，超过全国高等教育在校生总数的 1/5。[①] 高等教育支撑国家教育强国建设必然少不了民办高等教育的高质量发展。"十四五"规划纲要强调要坚持和完善党总揽全局、协调各方的领导制度体系；坚持党的全面领导、集中统一领导；明确把党的领导落实到国家发展的各领域、各方面、各环节；全面贯彻党的教育方针，到 2035 年建成教育强国。[②] 具体到民办教育领域，2016 年由中组部起草、中办印发的《关于加强民办学校党的建设工作的意见（试行）》明确要切实加强党对民办学校的领导，充分发挥党组织政治核心作用，加强和改进党员队伍建设。[③] 并于随后的 2017 年、2018 年对包括北京、吉林、安徽、福建在内 12 个省份开展民办学校党建工作的专项调研督查工作。总结专项调研督查工作后，中组部、教育部等五部门于 2020 年联合印发《民办学校党建工作重点任务》以全面加强建设工作，提出十个关于民办学校党建工作的建议，包含强化党组织政治功能、规范理顺党组织隶属关系、推进党组织班子成员进入学校决策层和管理层、提升基层党组织建设质量等，指导民办学校解决在党建工作中存在的重点、难点问题。《教育部 2021 年工作要点》强调推进、落实党建工作，《教育部 2022 年工作要点》进一步指出要将党建工作写入民办学校党章，提升基层党组织政治功能。

各地深入落实民办高校强化党建工作，推进落实党对民办学校高质量发展的领导，充分发挥党组织政治核心作用，保驾护航民办高等教育高质量发展。各地方政府遵照《党建工作意见》制定了更为细化的落实方案、规定、细则等，在保证贯彻落实中央政府部门政策的基础上为当地民办高校党组织建设提供行为依循。整体来看，我国民办高校的党建工作具有起步晚、基础弱、底子薄、起点低的特点，各地民办高

---

① 《2023 年全国教育事业发展基本情况》，中华人民共和国教育部，2024 年 3 月 1 日，http：//www.moe.gov.cn/fbh/live/2024/55831/sfcl/202403/t20240301_1117517.html。

② 新华社：《中华人民共和国国民经济和社会发展第十四个五年规划和 2035 年远景目标纲要》，中国政府网，2021 年 3 月 13 日，https：//www.gov.cn/xinwen/2021-03/13/content_5592681.htm。

③ 中国民办教育协会办公室：中共中央办公厅印发《关于加强民办学校党的建设工作的意见（试行）》的通知，中国民办教育协会，2018 年 12 月 21 日，https：//www.canedu.org.cn/site/content/632.html。

校在落实党组织建设工作上参差不齐，可能存在认识有偏差、机制不健全、保障不充分、基层建设薄弱、党员流动性大等问题。[①] 根据这些问题，各省份根据当地民办高校党建工作现状与问题，相继出台了细化政策，如湖北省出台《关于进一步明确高校党建工作责任的通知》。与此同时，强化民办学校党组织建设措施，包含落实主体责任、推进党组织班子成员进入学校决策层和管理层、完善经费保障机制、鼓励与公办高校"结对建设"、提升基层党组织建设质量、充实党务工作力量和培育宣传优秀师生榜样等。此外，还注重通过加强民办学校党组织建设，将党的制度优势转变为民办学校健康可持续发展的有力举措。如充分发挥党员先锋模范的榜样作用、保障民办学校党组织政治责任的主动履行和健全党组织建设民办学校发展路线的监督管理作用等。

二、推动独立学院规范转设

民办高校的高质量发展必然以规范办学为基本前提，规范不具有独立法人资格的独立学院的办学条件成为重点工作。独立学院是我国高等教育发展过程中的独特历史产物，其中不乏办学质量高、办学条件好的独立学院，但也有一些无法满足《普通本科学校设置暂行规定》的基本办学条件要求。2020年5月，《关于加快推进独立学院转设工作的实施方案》发布，要求到2020年末所有独立学院制定转设方案：转公、转民（非营利、营利）、停办，并推动一批优先转设。《教育部关于"十四五"时期高等教育设置工作的意见》《教育部2022年工作重点》均明确提出积极稳妥推进独立学院转设。追踪实践证明，独立学院转设后整体质量发展确实呈上升态势，在人才培养质量提升、内部治理完善、办学基本条件改善、外部资源获取能力强化、社会声誉评价提高等方面有显著变化。[②]

三、引导规范民办高校高质量发展转型

依法推进分类管理是民办教育改革发展的历史选择，[③] 并以此为基础升级科研发展、完善学科建设、优化人才培养等是民办高校高质量发展转型的任务。我国相继出台了一系列法律、政策为民办教育分类管理搭建了顶层架构，同时通过进一步放宽办

---

① 阙明坤：《加强党对民办教育事业的全面领导》，中华人民共和国教育部，2021年5月17日，http://www.moe.gov.cn/jyb_xwfb/moe_2082/2021/2021_zl38/202105/t20210517_531839.html。
② 阙明坤、王慧英、原珂：《我国独立学院转设发展效果的实证研究》，载于《教育与经济》2019年第4期。
③ 周海涛：《依法推进分类管理是民办教育改革发展的历史选择》，中华人民共和国教育部，2021年5月17日，http://www.moe.gov.cn/jyb_xwfb/moe_2082/2021/2021_zl38/202105/t20210517_531843.html。

学准入条件、构建差别化扶持政策体系等方式完善了相关制度，为深入推进分类管理工作奠定了基础。全国设有民办高校的省份均由人民政府牵头研制出台了适用于本省民办高校分类管理的"实施意见"，某些省份还同步推出了民办学校分类许可登记的"具体办法"。如上海市出台《上海市人民政府关于促进民办教育健康发展的实施意见》《上海市民办学校分类许可登记管理办法》，浙江省出台了"实施意见"和相应配套的 7 个"具体办法"，构成民办教育"1 +7"政策体系。同时，各省不约而同设置了推进民办学校分类管理改革的过渡期，虽然各省设置的分类登记过渡期长短不一，但截至 2023 年底，依照全国各省份制定的促进落实分类管理政策的实施条例，分类管理过渡期均已到期。一些省份尚未全面完成民办高校的分类管理登记，个别地区分类管理进展相对更为缓慢。部分省份在民办高校分类管理登记上取得了实质性进展，基本实现了政策预期。据不完全统计，截至 2023 年底，共有 7 个省份全面完成了域内民办高校分类登记工作，8 个省份域内工作停滞，其余 14 个省份均有不同程度的进展。

四、创新优化民办高校高水平教育服务

根据上位法律、政策所确立的基本原则、指导精神，各省份依照自身情况相继出台更具当地适应性、针对性、可行性和操作性的指导政策，并制定适宜举措贯彻落实中央政府部门对民办高等教育高质量发展的指导方针和政策精神，诞生了一批具有特色化的地方性创新举措。"十四五"规划纲要明确提出构建更加多元的高等教育体系，《扩大内需战略纲要》重申鼓励社会力量提供多样化教育服务。当前我国设置有民办高校的 30 个省份地缘情况、历史文化、教育发展现状不同，贯彻落实同一政策有多种执行方式，一些创新方式更适用于当地推行。在加强党建工作上，吉林省坚持问题导向，以选优配强民办高校党委书记（督导专员）为战略抓手，积极推进、切实加强民办高校党建工作，针对性研制出台《民办高校党委书记（督导专员）选派管理办法》和工作方案，明确选派人员的资格条件、待遇保障等事项，细化选派流程和相关要求。如划拨专项经费，按每名党员 200 元/年的资助标准，每年发放 300 余万元专项党建工作经费；同时，按 200 元/月的津贴标准，为民办高校党委书记发放补贴，最终推动了该省民办高校共建设 12 个"一站式"党建服务中心、127 个党建活动室（配备专兼职工作人员），组建 125 支党建志愿队。[①] 在引导分类管理上，

---

① 《吉林省选优配强党委书记 切实加强民办高校党的建设》，中华人民共和国教育部，2018 年 8 月 24 日，http：//www. moe. gov. cn/jyb_sjzl/s3165/201808/t20180824_346091. html。

某省客观认识自身优质高等教育资源不足的现状，充分发挥民间经济发展优势，鼓励公益性更加凸显的非营利性民办高校办学体制类型，即捐赠办学，大力支持新成立两所捐赠型、公益性的民办高校。同时，依法规范省域民办高校办学行为、坚决纠正名为非营利实则"盈利分红"的"假民办"。省教育厅出台的《关于推进高水平大学建设的意见》和《关于加快普通高等学校高质量发展的若干意见》，实施"弯道超车"策略，不仅为高等教育发展按下"加速键"，更为这两所公益性民办高校发展提供充分保障。在规范转设上，两个沿海经济发展省域内的两所独立学院正在尝试探索直接转设为捐赠型公益性民办高校的方式与路径，即举办者以民办高校资产捐赠成立教育基金会，变更民办高校举办者为该教育基金会，凭借基金会政府支持度高、教育公益属性强、社会捐赠吸引力大等优势助力转设后民办高校的高质量发展。

第二节　推动民办高等教育高质量发展的主要成效

"十四五"时期尤其是党的二十大以来，民办高等教育在党建赋能指引方针、分类管理总体路线、规范转设基本前提，方向性、蓝图式、兜底线的全过程保障下，全方位贯彻中央政府部门民办高等教育高质量发展的政策精神、全方面推动各地民办高校高质量发展。全国民办高校发展取得了长足进步，并重塑出民办高等教育发展新格局。

一、人才培养成效逐渐凸显

民办高校以培养人才为中心，以立德树人为根本任务，坚持为党育人、为国育才的根本宗旨，助力建设人力资源强国。据统计，2010～2022 年，我国民办高校已累计招生 2 628.88 万人，共计培养 20% 的全国普通高校毕业生，[①] 人才培养贡献显著。

（一）毕业生数逐年增长，整体就业情况良好

就业是最基本的民生问题，党的十九大以来，民办高校毕业生数逐年增多，在2018～2022 年从 174.27 万人增长到 261.15 人，增长了近 50%（见表 4-1）。一是本专科毕业生数均逐年提升。2018～2022 年，民办高校本科毕业生数增长了 37.76%，专科毕业生数增长了 63.83%。二是 2022 年专科毕业生数首次超过本科生数。民办高

---

① 别敦荣、李佩娅：《民办高校发展走势与前景》，载于《河北师范大学学报》（教育科学版）2023 年第 6 期。

校专科毕业生数增长势头相对本科毕业生更为迅猛，更于 2022 年首次超过本科毕业生数。三是毕业生就业形势较好。根据培养目标、发展水平的不同，不同民办高校毕业生就业情况不同。2022 年，某民办高校毕业生总数的 7.87% 进入世界 500 强企业，某民办高校专升本毕业生数占总毕业生总数的 32.96%，某民办高校毕业生进入国有企业数占毕业生总数的 34.86%。2023 年 12 月，某民办高校打好就业组合拳，多举措、全方位服务毕业生就业，2023 届毕业生去向落实率达到 99.02%。

表 4-1 　　　　　　　　　民办普通高等学校毕业生规模 　　　　　　　　单位：人

	2018 年	2019 年	2020 年	2021 年	2022 年
毕业生总数	1 742 734	1 796 664	1 916 794	2 053 850	2 611 469
研究生数	266	483	560	752	950
本科生数	936 637	984 800	1 057 652	1 075 921	1 290 288
专科生数	805 831	811 381	858 582	977 177	1 320 231

资料来源：根据教育部 2018~2022 年"教育统计数据"整理。

（二）人才培养较为灵活，注重产教融合匹配

在"工业 4.0"时代，高等教育人才培养要关注市场变化需求，对接创新创业。民办高校具备衔接行业产业的先天优势，具有感知市场需求的敏感性，人才培养体系总体较为灵活。一是注重应用型人才培养。民办高校本身以培养应用型、技术技能型人才为主，再加上自身办学主体与企业市场的天然联系，多注重与区域经济发展的衔接与联系。二是注重发挥企业资源优势，建立双创平台。民办高校具有产教融合的优势，如共建大学科技园、产业创业园、工程技术（研究）中心等产教融合、协同育人平台。三是注重产教融合，开展协同育人。民办高校就业率关系着学校的影响力，如某民办高校鼓励大三学生承接部分社会项目，[①] 强化学生职业岗位能力提升。

（三）人才培养质量提升，助力经济发展效能显著

近年来，民办高校人才培养质量明显提高，有效支撑了社会经济发展。一方面，高层次人才培养数量明显增多。随着民办高校硕士学位授权点增多，从 2018~2022 年，民办高校研究生毕业生数增长了 2.57 倍（见表 4-1）。另一方面，支撑经济发展能力逐渐提升。如某省持续开展高校"院士专家服务团"工作，启动了包括民办

---

① 黄文敏：《集中优势错位发展民办高校学科建设路径分析——基于 TOP10 民办本科院校的调查》，载于《中国成人教育》2016 年第 23 期。

高校在内的 101 所高校"百校联百县"高校服务乡村振兴科技支撑行动计划，深入推进教育脱贫攻坚成果同乡村振兴有效衔接，辐射县市 104 个，确定项目 1 502 个，有效地推动了乡村教育振兴、教育振兴乡村的良性循环。[①]

二、学科建设格局基本成形

近年来，在党的教育方针的指引下，在高水平民办高校的带动下，以及绝大多数民办高校发展的升格和提高办学层次的需求，民办高校普遍认识到学科发展在学校发展中的重要作用，将学科建设作为日常工作的重要议程，在学科建设方面取得较大进步。

（一）聚焦特色学科方向，发展水平有所突破

在《国家中长期教育改革和发展规划纲要》的东风下，一批民办高校强化学科建设，取得了突破性进展。一方面，聚焦已有学科特点。聚焦自身已有优势学科、人才市场岗位需求，着重提升学科建设，开展高质量转型。另一方面，硕士学位授权学科逐渐增多。截至 2024 年 6 月，共 5 所民办高校获得硕士学位授权资格，包括 2021 年成为新增硕士学位授予单位的陕西西京学院、海南三亚学院、河北传媒学院、宁夏理工学院，以及 2017 年获得硕士学位授权资格的吉林华侨外国语学院。

（二）初探学科集群建设，衔接地方发展需要

民办高校学科群建设有助于相关学科"组合"发展，不仅有助于提升民办高校学科建设水平，也有助于更好衔接地方发展需要。一方面，学科发展水平较高的少数民办高校开始围绕国家或地方经济发展需求，尝试学科群建设。如某民办高校围绕已获得硕士学位授权资格的艺术与传播学科，为提升服务广播电视领域，构建了包括艺术学科群、传播学科群、艺术与传播技术学科群、艺术与传播支撑学科群在内的四大学科群。另一方面，也有民办高校认识到集群效应，但是限于水平从专业群建设切入。如某民办高校主动对接省战略发展任务，重点建设机械工程及自动化学科，并围绕其建设专业群。

（三）课程体系基本建立，注重优质教材开发

学科建设离不开课程与教材的承接，民办高校在明确学科建设目标后，课程和

---

① 教育部：《湖北省落实政治建设统领地位 全面加强高校党的建设——2022 年全国教育工作会议经验交流之一》，中华人民共和国教育部，2022 年 1 月 29 日，http：//www. moe. gov. cn/jyb_sjzl/s3165/202201/t20220129_596824. html。

教材的可持续发展有所保障。一方面，建立完善课程体系，着重打造精品课程。绝大部分民办高校能根据学科建设发展需要制定明确的课程体系，区分必修和选修，并配备相应的课程教师。在此基础上，有条件的民办高校开始注重打造精品课程、核心课程，助力特色专业、品牌专业的建设。另一方面，注重优质教材开发，根据发展需要及时调整。民办高校在学科发展过程中同样注重教材开发，尤其是鼓励学科带头人组建教师队伍共同撰写教材，并根据社会经济发展需要及时调整教学内容。

三、科研发展水平有所突破

科研能力是民办高校综合办学能力的集中体现，是民办高等教育内涵式发展的重要支撑和可持续发展动力。在国家政策引领、民办高校自主推进下，民办高校科研工作有了实质性进展。

（一）科研平台初步建立，响应国家和区域发展需要

一批民办高校尤其是民办本科院校相继建立起科研平台，助力研究工作的开展。一方面，办学基础较好的民办高校率先搭建科研基础平台，建立了科研处等研究机构，并划拨科研经费，大幅提升了科研项目、科研经费和科研产出。如一些民办高校等都在 20 世纪初建立了科研处，并不断完善相关科研管理制度。另一方面，科研发展水平较高的民办高校积极发展科研，建立了重点实验室等省部级平台，对区域发展作出了一定贡献。如某民办本科高校成立省部级科研平台 8 个，年均科研经费过亿。[①]

（二）科研成果逐渐凸显，实现发表和立项总体进步

在科研平台及管理制度推动下，民办高校的科研成果持续增多。一是整体水平有所提升。据不完全调查发现，我国民办高校论文发表情况呈现持续上升的态势，在国家项目的立项上也有明显提高。二是部分民办高校科研水平较为突出。研究开展较早的几所民办本科高校，如西京学院、浙江树人学院、浙江越秀外国语学院等，科研实力发展相对较为突出。三是一些民办本科院校在研究领域上形成了较为鲜明的学科特点和优势，构成了我国民办高校科研竞争力的前列方阵。

---

① 钟秉林：《民办本科院校要拓展办学视野 聚力高质量发展——本轮学位授权审核工作的启示》，载于《中国高教研究》2022 年第 5 期。

（三）成果转化日渐增多，获得经费和奖励有所突破

近年来，民办高校成果转化率逐步提高。一方面，民办高校成果转化取得突破。截至 2017 年，全国民办高校共发明专利授权 134 项。[①] 另一方面，部分民办高校面向区域经济发展需要开展的应用技术研究得到转化。如某民办高校教师研究当地某县"茶文化应用开发"，把茶文化应用于效益农业开发，大大提高了该县茶叶产业的效益，同时，获得了一定的科研资金资助。某民办高校教师进行的"纳米氧化铝改性官哥窑青瓷及其抗胎裂"研究，切实改善了配方和工艺，实现青瓷低温开裂，使产品合格率从 10% 提到 80%，解决了生产关键技术难题，获得多项重要奖励。

四、条件保障系统日益健全

民办高校各领域、各方面、各环节的高质量发展还需要一系列重要支撑和保障，包括政策、经费、师资等，以促进相应高质量发展规划有效落实。

（一）政策体系逐步健全，支持举措逐渐增加

当前，鼓励支持民办高校高质量发展的政策框架逐渐完善，逐步构建了覆盖民办高校全领域、全方面、全过程、全环节的高质量发展政策体系和实施办法。一是落实推进高质量发展初步建设的指导方向政策，强化党建、分类管理、独立学院规范转设等系列完整政策体系，推进相关工作全面推进和落实。二是制定了加快构建民办高等教育高质量发展体系的一系列政策体系。如 2022 年推进高质量科研的《关于加强高校有组织科研 推动高水平自立自强的若干意见》、2023 年完善教育经费管理的《关于适应高质量发展要求 进一步完善教育经费统计体系的意见》等。三是拟出台更体系化的高质量发展政策，如 2022 年教育部工作要点提出要印发实施《关于构建教育高质量发展体系的指导意见》。

（二）办学经费不断提升，办学条件持续完善

根据教育部《中国教育经费统计年鉴》统计，2012~2021 年的 10 年间，国家财政性教育经费总量不断提升，从 2.31 万亿元增长到 4.58 万亿元；2017~2022 年政府资助民办高校经费总额从 124.9 亿元提升到 241.2 亿元。一是划拨足够经费鼓励民办

[①] 王一涛、高飞、邱昆树等：《2017 年中国民办本科高校及独立学院科研竞争力评价研究报告》，载于《浙江树人大学学报》（人文社会科学）2018 年第 1 期。

高校强化党建。公共投入上，《党建工作意见》强调要建立多渠道筹措、多元化投入的党建工作经费保障机制，指出社会组织上交的党费全额下拨，鼓励有条件的地方给予多种方式经费支持。二是落实分类管理分类扶持经费供给。政府在补贴、购买服务、基金奖励、捐资激励、土地划拨、税费减免等方面对非营利性民办学校给予扶持；并根据经济社会发展需要和公共服务需求，通过政府购买服务及税收优惠等方式对营利性民办学校给予支持。三是私人投入上，民办高校加大办学经费投入。根据教育部《中国教育经费统计年鉴》统计，2012～2021 年的 10 年间，民办学校的举办者投入总量逐渐提升，从 128.18 亿元增长到 242.38 亿元。

（三）专任教师日渐增多，教师队伍日益优化

近年来民办高校在内涵式建设推动下，逐渐加大教师引进力度，尤其是硕士及博士学位教师的引进，这大大优化了民办高校教师队伍。一方面，专任教师规模逐渐扩大。教育部统计数据显示（见表 4-2），我国民办普通高校专任教师数增长了 23.77%，从 32.43 万人增长到 40.14 万人，专任教师数占教职工数的比例从 72.86%增长到 75.22%，增长了近 3 个百分点。另一方面，民办高校教师高学历占比有所提升。公开信息显示，某获得硕士学位授权资格的民办高校，2024 年现有专任教师 537人，高级职称共 272 人（50.65%），博士学位 96 人（17.88%），硕士学位 369 人（68.72%），硕士及以上学历占比共计达 86.60%。未获得硕士学位授权资格的某东部民办高校，2024 年有专任教师 1 050 人，高级职称共 110 人（10.48），博士学位350 人（33.33%），硕士及以上学位共占比 80%。

表 4-2 民办普通高等学校专任教师规模

年份	学校（所）	教职工数（万人）	专任教师（万人）	专任教师占比（%）
2018	749	44.51	32.43	72.86
2019	756	46.23	33.98	73.50
2020	771	49.31	36.89	74.81
2021	764	49.84	36.96	74.16
2022	764	53.36	40.14	75.22

资料来源：根据教育部 2018～2022 年"教育统计数据"整理。

五、数字支撑能力持续提升

教育数字化将成为加速教育优质公平、提高教育质量和改进教育治理的一个突

破口。①"十四五"规划纲要指出要加快数字化发展，建设数字中国，党的二十大报告部署推进教育数字化战略。

（一） 数字转型方向明确，国家政策指导性强

疫情推动线上教育发展，民办高等教育也加速数字化转型。一方面，教育部制定教育数字化转型指导性政策。《关于推进教育新型基础设施建设构建高质量教育支撑体系的指导意见》② 明确了技术本位的教育新基建是高质量教育支撑体系的"基座"，强调以数字转型、智能升级、融合创新的新基建支撑教育高质量发展。另一方面，教育部印发高校数字化建设规范。《高等学校数字校园建设规划（试行）》（以下简称《建设规划》)③ 针对性地对包括民办高校在内的高校信息化建设工作给出具体指引。

（二） 推进数字素养培训，提升教师数字教学能力

教育数字化转型的关键是人的转型，包括人的素养、能力、技能等的转型，教育数字化转型需要以教师数字素养为基础。④《建设规划》规定将教师信息素养提升纳入师资队伍基本能力建设，2022 年教育部《教师数字素养》提出了教师数字素养的行业标准，民办高校积极推进数字素养培训。一方面，民办高校积极组织各种形式的数字素养培训。包括培训应用于在线教学的数字工具教学的使用方法，助力教师胜任在线教育的技术要求。另一方面，部分民办高校教师自主寻找数字素养较高的同时，积极主动获得数字能力，提升数字工具使用技能。

（三） 数字平台全面建立，数字教育雏形初具

民办高校数字新基建建立较为全面。一是从国家到学校各民办高校高质量发展主体都建立了数字化平台。国家层面，2022 年全国教育工作会议提出启动实施"国家教育数字化战略行动"，"国家智慧教育公共服务平台"随之上线，极大提升了优质教育资源在全国范围内的广泛共享。高校层面，一大批数字资源共享平台建立或优化，一大批学习资源上线。二是教学科研流程支持线上开展。近年来，大部分传统教

---

① 周海涛、李葆萍：《推进数字化的国家智慧教育平台逻辑与路向》，载于《中国电化教育》2023 年第 1 期。

② 《教育部等六部门关于推进教育新型基础设施建设构建高质量教育支撑体系的指导意见》，中华人民共和国教育部，2021 年 7 月 22 日，http：//www.gov.cn/xinwen/2021 –07/22/content_5626540.htm。

③ 《教育部关于发布〈高等学校数字校园建设规范（试行）〉的通知》，中华人民共和国教育部，2021 年 3 月 16 日，http：//www.moe.gov.cn/srcsite/A16/s3342/202103/t20210322_521675.html。

④ 戴岭、祝智庭：《教育数字化转型的逻辑起点、目标指向和行动路径》，载于《中国教育学刊》2023 年第 7 期。

学、科研环节均增设在线完成功能，支撑线上教育、远程教研、移动学习。一些条件较好的民办高校配备智慧教室。三是院校管理初步实现数字化转型。院校管理流程支持多人、多部门先后或同时操作，更便捷高效。

第三节　推动民办高等教育高质量发展的问题堵点

当前民办高校科研发展尚未完全拟合党的方针，对接性不足，对国家战略的支撑性不够。当前民办高校人才培养尚未完全符合市场需求，匹配度较低，对区域经济发展的服务能力不够。当前民办高校学科建设尚未有效应用分类支持、差别扶持政策原则，同质性较强，对科研发展、人才培养的支持度不高。当前民办高校条件保障水平尚未完全达到各方面强化建设基线，持续支持乏力，对人才培养、学科建设、科研发展的规范开展保障性不足。当前民办高校数字支撑尚未完全实现数字智治，支撑性较差，对民办教育发展传统治理向高质量发展转型的实用性不够。

一、人才培养体系有待进一步优化

党的二十大报告强调深入实施人才强国战略，实施就业优先战略。科学合理的人才培养体系，能有效推进教育、科技、人才的一体贯通推进，助力新质生产力发展。当前，民办高校人才培养有待优化。

（一）毕业生缓就业与慢就业增多

大部分民办高校存在学生就业困难问题。一方面，民办高校毕业生就业率相对公办高校较低。如某民办高校设置了计算机、机械、自动化、会计、英语专业，与当地公办高校相似，造成该民办高校毕业生在人才市场竞争中的不利处境，用人单位更倾向于选择同专业公办高校毕业生。另一方面，民办高校毕业生缓就业、慢就业情形增多。目前的毕业生大多是"00后"，就业观念的转变和家庭经济条件的改善，让他们拥有升学、创业、就业等更多的人生选择。与此同时，"慢就业"现象也在增长。[1]据麦可思研究院《中国教育发展报告（2015）》统计，2015届本科毕业生初次就业率72.4%，半年后就业率提升到91.3%；民办高校毕业生初次就业率65.3%，半年后就业率为86.8%。[2]

① 《"慢就业"现象在增长，将向这类毕业生提供精准服务》，中华人民共和国教育部，2021年5月13日，http：//www.moe.gov.cn/jyb_xwfb/xw_fbh/moe_2606/2021/tqh_210513/mtbd/202105/t20210513_531344.html。
② 曹玉霞：《民办高校毕业生就业影响因素分析与对策探讨》，载于《教育与职业》2017年第17期。

（二）培养产教融合力度不足

协同强调各施所长、分工合作，充分整合、利用各方有价值的资源，建立内部分享机制，当前产、教双方分工合作、资源共享仍有待加强。民办高校产教融合虽具有先天优势，但部分民办高校在产学研用融合度上仍存在问题。一是受惠学生比例较低。校企合作交流范围、程度有限，认知实习、顶岗实习、参观实践等机会有限，并非所有学生都能享受实践教学机会。二是校企共建的产教平台实效低。部分民办高校与企业合作建立了技术中心，但产教没有真正融合，或技术较高端只重教，学生无法上手生产；或只重视产，不需要学或没机会学。三是协同育人效果较差。个别民办高校产教融合变相，从"学生"异化成为"职工"，教和学的价值未体现。

（三）人才培养质量仍待提升

2024 年预计高校毕业生超过 1 170 万人，[①] 民办高校毕业生就业形势严峻，人才培养质量不高可能导致部分民办高校毕业生就业困难。一方面，学生与教师质量导致人才培养质量差距。由于一些固执的社会偏见，教师、学生和家长都更愿意选择同层次公办高校，造成民办高校在职教职工、在校生平均水平相比同层次公办高校有所差距，导致民办高校人才培养质量可能与同层次公办高校人才培养质量相比有一定距离。另一方面，研究生层次毕业生占比相对较低。一些民办高校拔尖创新型人才培养较为局限，高层次人才市场竞争力较低。

二、学科建设布局有待进一步均衡

2023 年教育部等五部门联合印发《普通高等教育学科专业设置调整优化改革方案》（以下简称《改革方案》）指导调整优化学科专业结构，要求服务国家发展、突出优势特色、强化协同联动。[②] 但民办高校在学科建设上总体稍显薄弱，发展不均衡，后续保障不足。

（一）学科发展水平不均衡

当前民办高校学科建设虽有所发展和较大进步，但在学科领域、地域、水平等上

[①] 新华社：《聚焦政府工作报告中的"民生清单"》，中国政府网，2024 年 3 月 5 日，https：//www. gov. cn/zhengce/202403/content_6936738. htm。

[②] 教育部等五部门：《普通高等教育学科专业设置调整优化改革方案》，中华人民共和国教育部，2023 年 2 月 21 日，http：//www. moe. gov. cn/srcsite/A08/s7056/202304/t20230404_1054230. html。

的不平衡性较强。一是学科领域发展不均衡。分析获得硕士授权点的5所民办高校发现，仅陕西西京学院在理工科上有所发展，其余民办高校硕士学位授权点均分布在民办高校普遍设置较多的文、商、教、管、经、艺上。二是地域不平衡。各省经济发展水平不同，高等教育资源配置、布局结构不同，高等教育发展水平不均衡。整体而言，教育发展水平更高的东部沿海地区，民办高校发展水平较高，中西部民办高校发展水平则相对较低。三是与同省份公办高校发展水平相比仍有较大差距。

（二）学科发展总体较弱

部分民办高校学科发展在对接新质生产力上或力不从心，或认识不足。新质生产力的发展需要战略产业、新兴产业的发展，和主导产业、支撑产业的迭代升级，学科作为教育和产业的联系，支撑着新质生产力的发展，当前民办高校学科尚未匹配新质生产力。一方面，学科建设存在路径依赖，未及时对接新质生产力。一部分民办高校在学科建设中依赖习惯路径，即使能敏锐感知人才市场需求，也仅在原有学科上稍加强化建设，并未变革学科设置，未能及时设置于与新兴产业需求匹配度较高的相关学科或学科群。另一方面，既定的学科组建方式限制对接新质生产力的学科群发展。新质生产力大多不是某一个学科，而是需要多个学科跨界、嫁接、融合。

（三）课程和教材建设滞后

大部分民办高校在设置学科建设发展目标后，相继跟进了硬件、软件等各种保障，但也有个别民办高校在学科建设规划后相应的后续保障稍显不足。一方面，发展基础薄弱，学科在短期内取消。个别民办高校敏锐觉察市场岗位对人才的需求，积极推进某学科发展，但相应学科建设基础较为薄弱，缺乏所需教师队伍，后续课程、教材未能连续跟进。另一方面，有一定发展基础，但没有跟进相应课程教材建设。个别民办高校在某学科上有相应的发展基础，但是课程体系不稳定，教材变化过快，没有较为核心的课程和优质教材，学科发展受限。

三、科研发展能力有待进一步提升

2023年党的二十大报告强调教育、科技、人才三位一体发展的重要性，明确要加快建设教育强国、科技强国、人才强国。随着科技发展以及国家对高校科技支撑的需要，高校的科研显得尤为重要。科研可能不是旨在培养应用型人才的教学型民办高校的基础工作，但一定是民办高校发展和高质量建设的重要工作。由于民办高校科研的先天特点及后发劣势，民办高校科研发展尚存不足。

（一）科研能力基础较薄弱

民办高校的科研能力相对民办高校较为薄弱，能真正对接国家发展战略的更是凤毛麟角。一方面，大部分民办高校优秀科研人才极度缺乏，有能力对接国家战略的少之又少。民办高校优秀科研人才、高层次人才吸引力低、流动性大、储备不足，几乎无法形成较为固定的研究团队。当前，除了个别科研能力发展突出的民办高校外，大多数民办高校均没有自主稳定的科研队伍，极大影响了民办高校的科研工作。另一方面，科研能力相对较高的民办本科高校在科研方向上一般不主动选择对接国家战略。通常开展面向区域经济发展需要的应用技术开发研究、人才培养教学研究和民办高等教育研究。[①]

（二）创新主体活力不足

鉴于一些偏见和不重视，部分民办高校的科研重视度较低，管理和激励机制不完善，教师科研积极性不足，影响成果产出。一是不同地区科研发展和制度制定有先后，科研能力参差明显。东西部民办高校科研发展差距较大，东部地区发展较早、水平较高；省际发展不平衡，部分沿海省份民办高校科研竞争力突出；个别新建理工科大学科研能力"一骑绝尘"，可与高水平公办高校相提并论。二是科研成果在一些民办高校不是考核重点，民办高校教师科研主动性不强。部分民办高校教师考核以教学为重点且工作任务繁重，科研不纳入考核且所能利用的时间不多，再加上氛围影响，主动开展或参与科研的教师较少。三是激励政策不健全或落实不到位。民办高校科研激励不足，科研与职称、晋升、奖励等关联度不高，导致教师积极性较低，成果产出有限。

（三）科研成果转化率低

高等学校科技成果转化率低"最后一公里"是长期以来没有得到有效解决的问题，民办高校成果转化的问题则更为严峻。一方面，成果转化管理制度不健全。我国民办高校科研刚起步约二十年，研发组织还十分不完善，成果转化率低[②]。尤其是在成果转化方面，一些科研水平较高的民办高校建立了"科技成果转化管理办法"，但真正涉及对教师科研成果转化的促进、服务、激励条例少之又少。另一方面，成果转

---

① 徐绪卿：《积极开展科研工作，提高民办高校整体办学水平》，载于《浙江树人大学学报》2004 年第 6 期。

② 孙德升：《高校科技成果转化的 ISCP 范式分析》，载于《中国科技论坛》2017 年第 3 期。

化服务机构未建立。专业技术转移机构能为成果转化提供专利申请、推荐转让、市场推广等具体服务，有利于加快科技成果的转化速度。但国内专业技术转移机构较为缺乏，民办高校技术转移机构更是极度缺乏。而且，项目成果转化的中介者不仅有限且其功能异化，[1] 促进成果转化作用十分有限。

四、条件保障系统有待进一步完善

相比公办高校而言，民办高校的在政策、经费、师资等各领域、各方面保障系统构建上仍有待进一步完善。

（一）高质量发展政策体系尚待完善

虽然高等教育高质量发展政策已经逐步完善，但民办高等教育高质量发展政策尚未形成体系。一方面，高等教育高质量发展体系构建的系统性政策尚未出台。2022年提出印发的《关于构建教育高质量发展体系的指导意见》尚未发布，无"民办教育"领域相关政策，如《民办教育高质量发展指导意见》等，更无"民办高等教育质量提升工程"等相关建设计划。另一方面，民办教育高质量发展、高水平建设政策仅散见于其他相关政策方案。除了强化党建、分类管理、规范转设三个重要的高质量发展方向性指导政策外，其他民办高校具体办学政策都不独立，对改善民办高等教育质量的引导性、推动性有限，针对性不强、保障性不足。

（二）办学经费的学费依赖度高

长期以来，民办高校办学经费长期仰赖学费收入，政府资助比例不高，捐赠收入较少。一是国家财政支持总额虽有提升，但学费依赖度仍然较高。如2022年全国民办高校教育经费收入总额1 828.9亿元，学费收入占比71.44%（见表4-3）。二是社会捐赠收入较少。2022年全国民办高校共吸引社会捐赠10.4亿元，占教育经费收入的比值不足1%。根据公开信息，近年来，我国慈善家、企业家的大额捐赠越来越有向国外高水平大学流失的倾向。三是民办高校自我造血能力尚显不足。民办高校各类教育活动等事业收入155.1亿元，占教育经费收入的8.48%，与美国非营利性私立大学学校收益占办学经费来源比例的45%左右相比差距较大。[2]

---

① 张国平、徐雄伟：《民办高校教师教学发展项目成果转化的探索》，载于《教师教育研究》2024年第2期。

② NCES. Digest of Education Statistics. NCES, 2018-02-20, https：//nces. ed. gov/.

表 4 – 3　　　　　　　　　**2022 年我国普通高等学校教育经费收入**

经费来源	全国		民办	
	总额（十亿元）	占比（%）	总额（十亿元）	占比（%）
财政经费	949. 56	62. 30	24. 12	13. 19
学费收入	316. 97	20. 80	130. 66	71. 44
其他事业收入	167. 09	10. 96	15. 51	8. 48
其他	76. 86	5. 04	6. 44	3. 52
民办学校举办方投入	5. 13	0. 34	5. 13	2. 80
教育捐赠	8. 53	0. 56	1. 04	0. 57
合计	1 524. 15	100. 00	182. 89	100. 00

资料来源：根据《2022 中国教育经费统计年鉴》整理。

（三）教师队伍稳定性较差

民办高校教师队伍建设长期以来一直是难以解决的问题，在一定程度上限制着民办高校发展。一方面，教师待遇有差距，队伍稳定性低。相比公办高校教师，民办高校教师在社会地位、薪资、福利上均存在一定差距，一些教师将入职民办高校作为跳板，在考取博士学位或升到副高职称后，通常会去公办高校任职，教师队伍稳定性较低，流动性很高。这种情况造成民办高校总体上在职中年教师较少，教师队伍长期呈现"两头大、中间小"的现象，一头是青年教师，一头是回聘的退休教师。另一方面，优秀人才吸引力低，校内人才成长后流失严重。优秀的科研人才大多更愿意直接去公办高校就职，入职民办高校的教师在工作几年有所成长后很快离职，造成民办高校很难形成较为稳定的团队，尤其是科研团队。

五、数字支撑力度有待进一步增强

在国家教育数字化战略推动下，民办高校广泛布局教育新基建，取得一定进展，但仍然存在一些有待改善的问题，如数字化转型政策针对性不强，智能化不高，支撑力度不足等。

（一）数字制度原则性描述较多

民办高校教师数字素养的提升是全方位的系统工程，不仅需要中央的指导性政策、行业标准，还需要地方及高校的操作性政策跟进，但目前部分民办高校操作参考性较低的原则性规定，无法助力数字建设。一方面，一些地方或民办高校数字转型制度原则性较强，操作参考较低。部分民办高校依据《校园规划建设》等相关政策制定了相应制度、办法、行动计划等，部分地方或民办高校制定的配套制度、办法仍以原则性规定为主，操作性参考举措较少。另一方面，部分缺乏操作性举措参考的民办高校在数字新基建建设中遇到不同的问题和阻滞，总体数字建设不力。如数字平台智能性不足、应用性不强、联动性不够等。

（二）数字素养培训效果有限

一些数字素养培训的效果较为有限，对民办高校教师数字素养的提升帮助不大。一方面，数字素养培训不能覆盖全部民办高校教师，部分数字素养培训形式化大于实用性。虽然民办高校组织了各种形式的数字素养培训，但鉴于部分民办高校教师教学任务较重，有时还兼任行政职务，并非都能有机会、有时间参与数字素养培训。部分数字素养培训流于形式化，多为理论性讲解，对教师真正能上手操作数字工具，切实提升数字素养帮助不大。另一方面，教师数字素养整体不足，未能组建专门技术队伍。有数字素养自我提升需求的教师，难以获得同事的帮助和技术支持，无法支撑数字化转型和高质量发展。

（三）数字平台互动受限

包括部分民办高校在内的一些高校数字化平台虽然已经建立，但是平台互动性较差，智慧性不强，未能助力数字治理。一是线上优质资源繁杂，个性化支持不足。虽有数字平台汇聚了各类优质教育资源，但数字平台的"人机互动"设计较为有限，多数以关键词搜索及历史记录为个性化推荐，且大多数资源个性化互动少，无法实现定制化推进学习服务。二是教学与科研数字化方式简单，交互式互动受限。课堂教学、作业试卷批改与反馈，课题申报、经费报销等各种教学与科研环节只是线上化，未能智能化。不仅不支持"人机互动"，更不支持不同电脑端个人之间的"交互式互动"。三是院校管理流程独立性过强，数字壁垒仍然存在。部分民办高校单位各自建立了数字平台，有各自的注册、办事流程，导致教师需要用不同账号登录不同部门平台，一些数据需要在不同平台重复填写，未能发挥数字治理的智能升级作用。

第四节　推动民办高等教育高质量发展的改进思路

"十四五"时期，建设高质量高等教育体系是我国高等教育发展的战略任务，[①]

---

① 钟秉林：《"十四五"期间我国高等教育发展的基础与关键》，载于《河北师范大学学报》（教育科学版）2021年第1期。

推进民办高等教育高质量发展是建设高质量高等教育体系的重要任务。[①] 民办高等教育高质量发展要坚持以习近平新时代中国特色社会主义思想为指导，贯彻落实党的教育方针，深入学习党的二十大精神，精准把握高等教育发展和民办高等教育发展的新定位、新要求、新任务。着眼民办高等教育改革发展使命，将党的全面领导贯穿渗透到人才培养、学科建设、科研发展、条件保障、数字支撑等各领域，将分类支持有效应用到科研发展、学科建设、人才培养、条件保障、数字支撑等各环节。确保所有民办高校规范办学，解决限制高等教育高质量发展的重大问题，鼓励部分有条件的民办高校创新优化高质量发展。最终全面推进民办高校高质量发展，提升服务区域和国家高质量发展能力。

一、优化人才培养体系，支撑人才战略新要求

习近平总书记在参加 2024 年十四届全国人大二次会议江苏代表团审议时强调，要牢牢把握高质量发展这个首要任务，因地制宜发展新质生产力。[②] 培养发展新质生产力所需人才，是民办高校高质量发展的支撑，有利于民办高校服务科教兴国战略，促进教育强国建设。

（一）强化毕业生就业服务，多方联动促进就业

随着民办高校毕业生规模增长，毕业生就业压力变大，2024 年预计高校毕业生超过 1 170 万人，[③] 民办高校毕业生就业形势严峻，需要多方联动强化服务、促进就业。一是分类指导就业。对专科毕业生、本科毕业生、研究生毕业生分类指导、分别就业，引导专科毕业生就职制造行业，助力制造强国建设。引导研究生毕业生就职需要创新的行业，助力创新驱动发展战略。二是强化指导服务。民办高校就业指导部门要优化服务，提供给学生针对性、精准化的就业信息，提供指导与服务，对就业困难学生群体要"专人负责，单线指导"，促进就业。三是鼓励多方联动合作促进就业。民办高校要发动尽可能多的主体，包括民办高校领导、管理者、教师、职工、校友、合作伙伴等，完善就业服务保障措施，助力高质量充分就业。

---

① 钟秉林：《民办本科院校要拓展办学视野，聚力高质量发展   本轮学位授权审核工作的启示》，载于《中国高教研究》2022 年第 5 期。

② 新华社：《习近平在参加江苏代表团审议时强调：因地制宜发展新质生产力》，中国政府网，2024 年 3 月 5 日，https：//www.gov.cn/yaowen/liebiao/202403/content_6936752.htm。

③ 新华社：《聚焦政府工作报告中的"民生清单"》，中国政府网，2024 年 3 月 5 日，https：//www.gov.cn/zhengce/202403/content_6936738.htm。

（二）强化应用型人才培养，创新产教融合协同

民办高校应充分利用举办者主体优势，强化与行业、产业部门合作，协同优化应用型、技能型人才培养。一是持续推进应用型、技术技能型人才培养。继续发挥民办高校在人才培养上的优势，积极面向经济社会发展需要，实现应用型人才培养与劳动力市场岗位的直接对接。[①]二是强化产学研用合作平台建设，助力充分发挥产教融合协同效益。增建一批、优化一批产学研用合作平台，成立实体支持部门，研制实质性支持举措，切实制定合作协议，提高合作效用。三是创新产教融合协同人才培养模式。活用"订单式""项目式"产教融合人才培养模式，推进课堂学习与校外实践的一体统一，推动创新要素集群，形成一批区域科技创新中心，实现产业链、创新链、人才链一体化建设，优化创新要素集聚的制度机制，全面推进产教融合协同育人。

（三）推进拔尖创新人才培养，支撑新质生产力

21 世纪，许多最重要的趋势都与全球经济和社会有关，历史也表明，当大学切断自己与经济和社会趋势的联系时，它们本身也就失去了生命力，变得无关紧要。[②]民办高校人才培养要围绕国家新质生产力发展需要、聚焦区域新质生产力产业需求，加强紧缺型、创新型拔尖人才培养。一方面，全面提升战略急需人才。包括高端新材料、重大技术装备、智能制造与机器人技术、航空发动机及燃气轮机、北斗产业化应用、新能源汽车和智能、高端医疗装备和创新药及农业机械装备等。另一方面，聚力培养创新人才。高等教育集聚有助于增强人力资本的知识、技术要素，赋能区域创新活跃度，对本省、相邻省域的区域创新率均有促进作用及明显的溢出效应。[③]

二、变革学科建设范式，聚焦新质生产力发展

2023 年教育部等五部门联合印发《改革方案》指导调整优化学科专业结构，计划到 2035 年布点一批新技术、新产业、新业态、新模式的学科专业。[④] 2024 年《政府工作报告》强调加快发展新质生产力，深入实施科教兴国战略、强化高质量发展

①　钟秉林：《民办本科院校要拓展办学视野，聚力高质量发展——本轮学位授权审核工作的启示》，载于《中国高教研究》2022 年第 5 期。

②　菲利普·G. 阿特巴赫著，张怡真译：《全球视野下的高等教育》，教育科学出版社 2023 年版。

③　石曼丽：《高等教育集聚对区域创新效率的溢出效应研究》，载于《重庆高教研究》2024 年第 3 期。

④　教育部等五部门：《教育部等五部门关于印发〈普通高等教育学科专业设置调整优化改革方案〉的通知》，中华人民共和国教育部，2023 年 3 月 2 日，http://www.moe.gov.cn/srcsite/A08/s7056/202304/t20230404_1054230.html。

的基础支撑，重申《改革方案》强调的调整优化学科专业和资源结构布局。发展新质生产力是推动我国高质量发展的内在要求和重要着力点，代表着先进生产力的演进方向，[1] 也是民办高校高质量发展的重要依据和参考点。民办高校要主动融入国家发展的大格局中，积极聚焦新质生产力发展，推进高质量学科发展，在促进学校高质量发展的同时，强化服务支撑国家和地区高质量发展。

（一）强化"四新"学科设置，创新中外合作模式

全面贯彻党的二十大精神，以"四新"学科为民办高校学科高质量发展的调整和优化重点，尤其是要立足国家战略科技力量建设需求。一是主动推进"四新"学科建设。民办高校要系统谋划"新工科、新医科、新农科、新文科"的"四新"建设，加快与先进制造业、生命科学、现代农业、现代服务业相匹配的学科设置，主动寻找对标样板院校，分析差距、制定提升对策，积极寻求合作交流机会，借鉴成功经验。二是推进"四新"学科交叉实现特色发展。充分发挥举办者的行业、产业优势，深入推进、加快建设专业特色学院、卓越工程师学院、高水平公共卫生学院、未来技术学院、现代产业学院，尝试在"新赛道"实现"弯道超车"。三是积极探索其他创新模式助力学科发展。鼓励有条件的民办高校尝试探索与国外高校优势学科开展合作，创新中外合作办学模式，加快学科发展。

（二）推进"学科群"建设，发展新型理工科范式

习近平总书记强调科技创新在经济社会发展中的引擎作用，强调让改革发挥点火系的作用[2]。科技创新越来越多地发生在学科交叉点，新质生产力的推进也需要多学科的努力和推进。我国传统高校院校设置的模式一定程度上限制了学科群的建设与发展，民办高校在克服这一问题方面有一定优势。民办高校应充分利用自身体制机制优势，持续深化学科建设改革创新，变革学科交叉融合范式，聚焦战略性关键领域技术、新兴产业技术需求，积极推进"学科群"建设，快速促进学科高质量发展。一方面，勇于创新院校组织方式，助力"学科群"发展。近年来由社会力量举办的新型理工科大学，从根本上打破传统大学的学院壁垒，专注国家战略和区域发展急需的理工学科设置，主动对接高质量发展需求。这种模式也被证实具有快速推进学科发展、服务科研发展和支持人才培养的实践效用。另一方面，积极变革现有学科专业集群，推进学科集群发展。各级政府要鼓励民办高校因地制宜地聚焦区域新质生产力发

---

① 丁文利：《职业教育如何赋能新质生产力》，载于《中国教育报》2024 年 4 月 16 日。

② 人民日报：《跑出创新"加速度"》，中国政府网，2019 年 3 月 8 日，http：//www.gov.cn/zhengce/2019 - 03/08/content_5372026.htm。

展需要，个别学科建设水平较高的民办高校可聚焦国家新质生产力发展需要，集聚院校现有优势学科，形成学科群，协作开展项目研究、人才培养等。

（三）推进课程和教材一体建设，完善学科建设保障

全面推进基础学科和"四新"学科核心课程建设，组建核心师资队伍开展核心课程建设，编撰一批核心课程教材，完善学科建设保障。新质生产力是以科技创新为主导、实现关键性颠覆性技术突破而产生的生产力，是对传统生产力的超越。[①] 民办高校聚焦新质生产力的学科建设，需要基于技术进步和产业发展的具体情形，推进课程建设和教学方法的创新。[②] 一方面，推进课程建设创新，赋能新质生产力的形成。包括课程目标、内容、实施、评价等在内的课程开展全环节，都需要与时俱进，围绕新质生产力发展，对接新技术需求。另一方面，打造一批优质教材，助力新质生产力发展。对接技术变革，响应课程建设需求，根据学生学习偏好，编写学生易学、爱学的优质教材。将新质生产力行业、产业新业态、新特点纳入教材，创新教材模式，鼓励学生创新。

三、加强科研组织建设，服务国家战略新需要

2022 年《加强有组织科研意见》指出高校是国家战略科技力量的重要组成部分，强调高校要更高质量、更大贡献服务国家战略需求。[③] 2024《政府工作报告》指出，要深入实施科教兴国战略，强化高质量发展的基础支撑，教育、科技、人才三个强国建设一体统筹推进，创新、产业、资金、人才"四链一体"部署实施。民办高校应深入贯彻落实党的二十大精神，探索民办高等教育高质量发展的新方位、新价值、新战略，成为建设教育强国的主力军，为现代化建设提供新的强大动力。

（一）统筹院校科研力量，支撑国家和地区发展战略

当前，我国民办高校在党的领导下，出现了一些高质量发展的成功典型。优化民办高等教育科研分类管理，充分发挥民办学校主体责任。一方面，鼓励高水平理工科大学发挥"头鹰"作用，积极对接国家战略需求，充分发挥自身学科和人才优势，

---

① 周文、许凌云：《论新质生产力：内涵特征与重要着力点》，载于《改革》2023 年第 10 期。
② 闫志利、王淑慧：《职业教育赋能新质生产力：要素配置与行动逻辑》，载于《中国职业技术教育》2024 年第 7 期。
③ 《教育部印发〈关于加强高校有组织科研 推动高水平自立自强的若干意见〉》，中华人民共和国教育部，2022 年 8 月 30 日，https：//www. gov. cn/xinwen/2022 - 08/30/content_5707406. htm。

牵头建设国家实验室，攻关突破"卡脖子"关键核心技术。另一方面，鼓励普通民办高校主动对接区域发展战略，发挥"群雁"效应，协同开展科学研究，充分发挥民办高校举办者的行业优势、产业优势，牵头或参与建设区域实验室，对接区域经济发展需要，强化区域发展服务能力。

（二）鼓励开展有组织科研，善用科研激励制度

领导的重视和支持是民办高校科研开展的关键因素，组织带动、制度激励是民办高校创新主体科研能力提升的重要因素。一是鼓励民办高校与科研水平较高的民办高校、企业等主体开展有组织协作科研，重视科研目标导向，重视市场主体作用，发挥自身学科优势、产业优势协同创新。二是鼓励学校内开展有组织科研，鼓励不同学院、学科、专业的老师开展有组织科研，基于兴趣、项目、平台等指标明确科研任务和目标，鼓励有能力、有经验和有水平的教师"传帮带"有科研意愿但能力不足的教师。三是出台科研激励制度，促进成果产出。国家在法律、政策上都多次提到科研人员的激励、评价机制。如《深化科技体制改革实施方案》强调激励政策对科技人员的激励性，①《关于深化项目评审、人才评价、机构评估改革的意见》强调科学评聘等。② 人才创新活力的激发需要激励政策的有效落实来保证，部分高校出台了科研激励制度，进一步提升了科研成果产出。

（三）发挥各类平台效用，健全科研支撑体系

科研成果得到转化才能助力社会发展。强化民办高校服务经济能力，提升民办高校成果转化，需更积极、有效地发挥成果转化平台机构作用。一是充分利用创业园区和产业园等转化平台。依托大学科技园、产业创业园和工程技术（研究）中心等多样双创平台，强化科研创新转化支持与服务能力。二是充分发挥技术转移机构的转化中介作用。鼓励建设多元化技术转移机构，增建一批专业技术转移机构、增设一批专门知识产权运营部门，推动成立专利申请与登记、专利转移、知识产权运营等专门服务队伍，优化成果转化服务，完善科技成果转化服务保障体系。三是充分发挥成果转化榜样的转化带动作用。鼓励开展科技园建设、专利转化中心、成果转化成效好的高校开展试点，强化经验交流和借鉴，辐射带动一批高校提升成果转化能力。

---

① 新华社：《中共中央办公厅 国务院办公厅印发〈深化科技体制改革实施方案〉》，中国政府网，2015 年 9 月 24 日，https：//www.gov.cn/guowuyuan/2015－09/24/content_2938314.htm。

② 新华社：《中共中央办公厅 国务院办公厅印发〈关于深化项目评审、人才评价、机构评估改革的意见〉》，中国政府网，2018 年 7 月 3 日，https：//www.gov.cn/zhengce/2018－07/03/content_5303251.htm。

四、完善条件保障系统，夯实高质量发展基础

新质生产力支撑高质量发展，新质生产力不仅仅是技术，能增加单位附加值的要素都是新质生产力，包括物质、技术、制度、环境等多个层面。[①] 民办高校高质量发展的条件保障也是新质生产力的一部分，是民办高等教育高质量转型的关键。

（一）政府提升政策针对性，系统谋划高质量发展

"十四五"规划纲要强调要坚持党的全面、集中、统一领导，贯彻党把方向、谋大局、定政策、促改革的要求。政府一是加大政策供给，出台引导民办高等教育高质量发展的一揽子政策，更大力度促进民办教育高质量发展。加快出台《关于构建教育高质量发展体系的指导意见》，以民办教育或民办高等教育为主体出台《关于推动民办高等教育高质量发展的指导意见》，系统性地整合民办高等教育高质量发展的方针政策，强化我国民办高等教育高质量发展的引导性、推动性、保障性和针对性指导。二是分类支持好口碑、高水平的民办高等教育率先发展、更好发展。鼓励民办高校着力提升办学质量，提振民办高校高质量发展预期和信心，激发民办高等教育高质量发展活力。三是鼓励各省因地制宜出台《关于推动民办高等教育高质量发展的实施方案》和"民办高等教育高质量发展行动计划"等，鼓励创新性执行推动高质量发展政策落地。全局性、全面性推进民办高等教育高质量纵深发展，助力构建民办高等教育高质量体系。

（二）院校提升经费筹措能力，提高院校经营收入

民办高校教育经费收入提升空间较大，尤其是民办高校经营收入上。一是提升获取政府竞争性项目经费能力。随着全球教育财政紧缩，我国教育投入占 GDP 比重也有所下降。民办高校获取财政教育经费可拓展其余方式，在争取竞争性项目经费上适度加力，或申报财政支持的专项行动，赢得专项资金支持。二是设立专项项目吸纳社会捐赠。一方面是尽力提升办学质量，提高社会影响力，另一方面是丰富专项捐赠项目（建筑物建设、科研发展、师生奖助学金等），并能给予相应的荣誉、可能的非物质奖励等回馈。三是提高经营收入能力。充分发挥优势学科开展教育活动、培训活动，充分利用举办者行业优势发展校企校产、附属医院等，提升经营收

---

① 戴春晨、石登江、郑永年：《新质生产力不仅是技术，县域也是关键载体》，载于《南方周末》2024 年 3 月 7 日。

入，增加经费支撑。

（三）优化教师队伍建设，激发教师主体活力

人才是创新主体、科研主体、教学主体、管理主体，人才是第一资源，教师队伍建设是民办高校高质量发展的关键保障。一是鼓励吸收高水平专业人才，建设高素质的专任教师队伍。鼓励有条件的高水平民办高校吸收国内外高层次人才，重点扶持中青年教师。贯彻落实《国家银龄教师行动计划》精神，贯彻落实银龄教师支持民办教育行动，重点支持继续高素质教师的民办普通本科高校的政策。[①] 重视培养科研骨干，支持鼓励牵头成立实体或非实体科研组织，带动科研团队的建立和可持续发展。二是完善激励政策鼓励创新。实施灵活激励机制，分类评价、分类支持教学、科研、管理不同岗位教师的创新活力和动力。将教师进步和分类成果计入评聘、晋升、奖励的条件，加大激励力度、加快激励政策落实。三是强化教师队伍权益保障。全面落实《教师队伍建设改革意见》，维护民办学校教师权益，完善民办学校，确保与公办高校享受一致的社会保障福利，以建设高质量的教师队伍来促进民办高校的高质量发展。

五、强化数字赋能教育，构筑高质量发展基座

2024 年《政府工作报告》重申大力发展数字教育。民办高校应积极发展"互联网＋教育""人工智能＋教育"，推进教育数字转型、智能升级，善用云计算、大数据、物联网、工业互联网、区块链、人工智能、虚拟现实技术，推进传统教育各领域、各方面、各环节的数字化改造。

（一）优化数字制度建设，促进落实数字战略

为加快数字化发展，鼓励地方或民办高校构建与国家教育数字化战略及政策相应的院校数字化转型发展制度或行动计划。一方面，研制出台地方或院校教育数字化转型行动计划。充分利用云计算、大数据、物联网、移动互联网、人工智能、区块链等技术，一体化建设数字民办高校，包括校园网络、数据中心等数字基础设施，着力提升各主体数字素养，发挥数字应用服务支撑科研发展、学科建设、人才培养等方面的作用。另一方面，鼓励教育数字转型成效较好省份分享行动计划制定、执行等实践经

---

① 教育部等十部门：《教育部等十部门关于印发〈国家银龄教师行动计划〉的通知》，中华人民共和国教育部，2023 年 8 月 9 日，http：//www. moe. gov. cn/srcsite/A10/s7151/202308/t20230829_1076752. html。

验，增强经验凝练和借鉴，支持推进民办高校教育数字化新基建建设，为后续建设工作提供实践参考。

（二）完善数字素养培训体系，组建技术支撑团队

民办高校教师数字素养有待提升，教师数字素养对党组织建设、科研发展、学科建设、人才培养等民办高校高质量发展具有重要作用，应不断完善培训体系，提供团队支撑。一方面，提供针对性、操作性数字素养培训课程，提供参与培训的机会，切实提升教师数字素养。落实《建设规划》要求，依据《教师数字素养》培养民办高校教师数字素养，组织教师数字素养能力免费培训、报销自费培训项目等各种培训方式。为教师参与培训提供机会和时间，变革形式化理论讲解，注重数字素养操作性培训，注重民办高校教师教学、科研、管理中实用的数字化工具的使用培训，尤其是要重点关注退休回聘银龄教师。另一方面，组建数字技术队伍。民办高校要通过内部培养挑选和外部聘请相结合的方式，组建数字技术支撑队伍，尤其是"人工智能+"专业技术技能人才队伍，强化数字化转型人才支持。

（三）创新数字互动模式，强化数智治理能力

全方位加快推进民办高等教育数智治理。一是实现优质教育资源共享，助力教育共同富裕。将优质教育资源以定制式、场景式、体验式、智能化的方式在不同层次类型民办高校间的共享，全面提升教育质量。二是优化传统教学与科研环节"交互式互动"，灵活运用数字技术提升教学科研效果。加快建设数字化设备、软件，完善"智慧教室""智慧图书馆"等实体场景或软件，加快推进民办高校教育数字化转型。强化挖掘过程化数据，全面优化教学内容、教学过程、教学评价，增进教学互动，提升教学效率、增进学生体验、改善教学效果。同时，健全数字安全保障机制。三是实现民办高校管理数字化转型，创新数字治理。全校数字平台一体化建设，将数字技术广泛应用于民办高校管理全过程，建立、活用、善用"校园大脑"，构筑智慧校园数字图景，促进线上线下融合、虚实结合的数字技术推动民办高校治理优化，变革传统条块分割式管理，不断提高治理科学性和效率，全面助力民办高校高质量发展。

第五章　增强民办职业教育适应性

近年来，我国各级政府采取了一系列重要政策举措，促使我国民办职业教育适应性显著增强。当前，进一步增强我国民办职业教育适应性还面临着专业设置滞后生产实践、课程建设实践导向欠缺、"双师型"教师队伍建设有待强化、教学方式方法实践性较差、教育评价实践导向不足、学生实习实训环节还未落实、社会服务制度还不健全等堵点和问题，亟须民办职业教育在改革发展中聚力强化专业设置需求导向、突出课程建设实践导向、健全"双师型"教师队伍建设机制、提高教学方式方法实践含量、凸显教育评价实践特征、落实学生实习实训环节、优化社会服务制度体系，推进民办职业教育高质量可持续发展。

第一节　增强民办职业教育适应性的基本做法

职业教育是与经济社会发展联系十分紧密的一种教育类型，本质上既具有明确的教育性质也具有极强的经济性质，天然存在适应性的问题。不断适应职业教育发展内外部要求、切实提升职业教育内涵式发展能力，不仅是增强职业教育服务经济社会发展能力的基本途径，而且是推进职业教育高质量发展、建设高水平现代职业教育体系的重要举措。学界关于"职业教育适应性"内涵的探讨并无统一意见，但综合已有研究观点可知，职业教育适应性主要指职业教育在改革发展中能够不断适应经济社会变化和发展需求，以有效服务人的全面发展和经济社会建设的实际需要。[①] 民办职业教育作为我国职业教育体系的重要组成部分，由于其与公办职业教育在资金来源、师资力量、学生学业成本、社会认可度等方面的显著差异，使得全面增强适应性成为民办职业教育生死攸关的重要问题。为增强包括民办职业教育在内的职业教育适应性，我国政府出台了一系列政策文件、采取了各种有效措施，对促进职业教育高质量发展发挥了重要作用。

---

① 潘海生、林晓雯：《新发展格局下职业教育的适应性发展》，载于《职业技术教育》2021 年第 15 期。

一、明确增强职业教育适应性政策要求

适应产业转型升级、适应经济社会发展趋势、适应人多样化和个性化发展需求、适应教育改革和发展需求，是增强职业教育适应性的重要内容。中央政府部门围绕这些方面，出台了一系列相关政策文件，明确要求全面增强职业教育适应性。2021 年 4 月，《教育部关于学习宣传贯彻习近平总书记重要指示和全国职业教育大会精神的通知》要求"优化职业教育类型定位，深化产教融合、校企合作，深入推进育人方式、办学模式、管理体制、保障机制改革，稳步发展职业本科教育，建设一批高水平职业院校和专业，推动职普融通，增强职业教育适应性"①。2021 年 10 月，《中共中央办公厅、国务院办公厅关于印发〈推动现代职业教育高质量发展的意见〉》也要求"切实增强职业教育适应性"②。2023 年 1 月，《文化和旅游部办公厅关于实施 2023 年全国文化艺术职业教育和旅游职业教育提质培优行动计划的通知》提出"推动文化艺术职业教育和旅游职业教育深化产教融合、校企合作，提高行业人才培养适应性和技术技能水平"③。2023 年 7 月，《教育部办公厅关于加快推进现代职业教育体系建设改革重点任务的通知》提出了"到 2025 年，通过分批部署、持续建设，扩大优质资源共享，力争形成以企业典型生产实践项目为载体的职业教育教学模式新突破，有效提升人才培养针对性和适应性"的发展目标。④

在中央政府出台了相关政策文件后，各地政府也积极学习贯彻相关政策要求，相继出台了一系列地方配套落实政策。例如，重庆市出台的《重庆市推动现代职业教育高质量发展若干措施》提出了多项创新举措，旨在提升职业教育社会认可度与吸引力，培养更多符合市场需求的高素质技能型人才。⑤上海市出台的《关于推动上海

①　《教育部关于学习宣传贯彻习近平总书记重要指示和全国职业教育大会精神的通知》，中华人民共和国教育部，2021 年 4 月 27 日，http：//www. moe. gov. cn/srcsite/A07/s7055/202104/t20210429_529235. html。

②　中共中央办公厅 国务院办公厅：《中共中央办公厅 国务院办公厅印发〈关于推动现代职业教育高质量发展的意见〉》，中国政府网，2021 年 10 月 12 日，https：//www. gov. cn/gongbao/content/2021/content_5647348. htm。

③　文化和旅游部办公厅：《文化和旅游部办公厅关于实施 2023 年全国文化艺术职业教育和旅游职业教育提质培优行动计划的通知》，中国政府网，2023 年 1 月 19 日，https：//www. gov. cn/zhengce/zhengceku/2023 - 01/28/content_5738957. htm。

④　教育部办公厅：《教育部办公厅关于加快推进现代职业教育体系建设改革重点任务的通知》，中华人民共和国教育部，2023 年 7 月 11 日，http：//www. moe. gov. cn/srcsite/A07/zcs_zhgg/202307/t20230717_1069319. html。

⑤　重庆市人民政府办公厅：《重庆市人民政府办公厅关于印发重庆市推动现代职业教育高质量发展若干措施的通知》，重庆市人民政府，2022 年 4 月 25 日，https：//www. cq. gov. cn/zwgk/zfxxgkml/szfwj/xzgfxwj/szfbgt/202204/t20220429_10677552. html。

高等职业教育高质量发展的十条措施》聚焦高等职业教育领域，致力于增强上海高等职业教育适应性、推进职业教育高质量发展。[①] 天津市印发的《关于探索现代职业教育体系建设改革新模式的实施方案》，致力于探索职业教育发展的新路径、新模式，为职业教育高质量发展注入了新的活力。[②] 各级政府通过完善职业教育政策体系、增加资金投入、优化资源配置、加强专业建设、强化师资队伍建设等举措，极大地增强了职业教育适应性和灵活性。

二、推进职业教育产教融合纵深发展

产教融合是职业教育办学的基本模式，是培养高素质劳动者和技术技能型人才的内在要求，也是增强职业教育适应性的关键所在。2021 年 10 月，《中共中央办公厅、国务院办公厅关于推动现代职业教育高质量发展的意见》明确要求"坚持产教融合、校企合作，推动形成产教良性互动、校企优势互补的发展格局"，致力于通过优化职业教育供给结构、健全多元办学格局、协同推进产教深度融合等改革举措完善职业教育产教融合办学体制，通过丰富职业学校办学形态、拓展校企合作内容、优化校企合作政策环境等方式创新产教融合办学机制。2022 年 12 月，《中共中央办公厅、国务院办公厅关于印发〈深化现代职业教育体系建设改革的意见〉》提出职业教育产教融合的战略任务是建设市域产教联合体、打造行业产教融合共同体，重点工作是建设开放型区域产教融合实践中心。[③] 2023 年 4 月，《教育部办公厅关于开展市域产教联合体建设的通知》对市域产教联合体建设提出了具体要求。[④]

在中央政策导向下，我国各地政府也积极行动，采取一系列重要政策举措。例如，重庆市出台的《打造市域产教联合体深化现代职业教育改革实施方案》，旨在通过以打造市域产教联合体为抓手，全面深化职业教育改革，推动职业教育与产业发展深度融合。[⑤]

---

① 上海市教育委员会：《上海市教育委员会关于印发〈关于推动上海高等职业教育高质量发展的十条措施〉》的通知》，上海市教育委员会，2023 年 10 月 31 日，https：//edu. sh. gov. cn/xxgk2_zdgz_gdjy_09/20240103/807cc7f47807427aa3429fedf571a532. html。

② 《关于探索现代职业教育体系建设改革新模式的实施方案》，天津市人民政府，2023 年 5 月 31 日，https：//www. tj. gov. cn/zwgk/szfwj/tjsrmzf/202305/t20230531_6255951. html。

③ 中共中央办公厅 国务院办公厅：《中共中央办公厅、国务院办公厅关于印发〈深化现代职业教育体系建设改革的意见〉》，中国政府网，2022 年 12 月 21 日，https：//www. gov. cn/gongbao/content/2023/content_5736711. htm。

④ 教育部办公厅：《教育部办公厅关于开展市域产教联合体建设的通知》，中华人民共和国教育部，2023 年 4 月 20 日，http：//www. moe. gov. cn/srcsite/A07/s7055/202304/t20230421_1056642. html？eqid = eb4bb8f3000e3fc3000000056445e628。

⑤ 重庆市人民政府办公厅：《重庆市人民政府办公厅关于印发打造市域产教联合体深化现代职业教育改革实施方案的通知》，重庆市人民政府，2023 年 9 月 17 日，https：//www. cq. gov. cn/zwgk/zfxxgkml/szfwj/qtgw/202310/t20231016_12432147. html。

天津市出台的《关于深化产教城融合打造新时代职业教育创新发展标杆的意见》提出了以"产教城融合"为核心的职业教育产教融合建设新思路。[①] 上海市印发的《关于开展上海市首批职业教育产教融合型专业申报与建设工作的通知》从专业建设角度推进职业教育产教融合落到实处，通过促使职业教育专业建设与产业发展需求紧密对接，更好地培养适应市场需求的高素质技能型人才。[②] 这些政策举措为我国持续推进职业教育产教融合指明了前进方向，为增强职业教育适应性找准了抓手。

三、强化高水平的实习实训基地建设

实习实训是培养学生实践技能和职业素养的重要手段，高水平实习实训基地建设是职业学校发展学生专业实践技能、增强人才培养社会适用性的重要保障。2022 年 1 月，《教育部等八部门关于印发〈职业学校学生实习管理规定〉的通知》，对学生实习实训的本质、实习实训的基本规范、实习实训管理协同机制、实习实训监管等方面都进行了详尽的阐述与规定，确保职业学校学生实习实训的规范性和有效性。[③] 2023 年 4 月，《教育部办公厅关于开展市域产教联合体建设的通知》提出"建设产教融合实训基地"的要求，旨在通过汇聚区域产教资源，构建高质量的市域产教融合联合体，为培养更多适应产业发展需求的高素质技能型人才提供有力支撑。

各地政府为深入推进职业院校实习实训基地建设，在全面贯彻落实中央相关政策要求的基础上，也结合各地职业教育和产业发展实际情况，在强化政策引导和支持、明确职业院校和行业企业主体责任等方面采取了一系列政策举措。这些政策举措的出台实施，既为新时期我国职业教育高水平实习实训基地建设理清了思路，也为职业学校全面增强人才培养社会适应性提供了可行路径。

四、促进专业建设深度对接产业发展

专业建设是否深度匹配产业发展需求，是增强职业教育适应性必须考虑的重要问

---

① 《关于深化产教城融合打造新时代职业教育创新发展标杆的意见》，天津市人民政府，2021 年 12 月 31 日，https://www.tj.gov.cn/zwgk/szfwj/tjsrmzf/202112/t20211231_5768417.html。

② 上海市教育委员会：《关于开展上海市首批职业教育产教融合型专业申报与建设工作的通知》，上海市人民政府，2023 年 9 月 27 日，https://www.shanghai.gov.cn/gwk/search/content/555c156aa5e34eca865cad7f326d0fef。

③ 教育部等八部门：《教育部等八部门关于印发〈职业学校学生实习管理规定〉的通知》，中华人民共和国教育部，2022 年 1 月 17 日，http://www.moe.gov.cn/srcsite/A07/moe_737/s3876_qt/202201/t20220121_595529.html? eqid = bbf47ac50004ae0a000000046497f7a8。

题。2021 年 1 月,《教育部办公厅关于印发〈本科层次职业教育专业设置管理办法(试行)〉的通知》,从专业设置的条件与要求、专业设置程序到专业设置的指导与监督,进一步规范和完善了本科层次职业教育专业设置工作。[①] 随后,2021 年 3 月,《教育部关于印发〈职业教育专业目录(2021 年)〉的通知》,对职业教育专业目录进行了全面修(制)订,要求优化专业布局结构、落实专业建设要求、做好新旧目录衔接。[②]

在中央政府政策导向下,各地政府针对职业教育专业建设也出台了相关的政策文件。例如,内蒙古自治区印发了《内蒙古自治区职业教育专业建设改革实施方案(2022 ~2025 年)》,明确要求"紧密对接国家战略和自治区经济社会发展需要,优化专业布局结构,提高专业建设质量"。[③] 山东省发布了《关于优化职业教育专业设置的指导意见》,提出通过加强市场调研对接产业需求、完善专业进入与退出机制、提升师资水平等一系列措施,提升职业教育专业设置的科学性和合理性,增强专业的吸引力和竞争力。[④] 辽宁省印发了《关于开展高等职业教育兴辽卓越院校和兴辽卓越专业群建设项目申报工作的通知》,通过实施兴辽卓越院校和兴辽卓越专业群建设项目,推动职业教育专业建设不断调整专业建设规划、完善专业建设制度、深度对接区域产业发展实际需求。[⑤] 这些政策举措,促使职业教育专业建设在实践中不断强化与产业发展的匹配度。

五、聚力职业教育优质课程资源建设

课程资源是学校人才培养的载体和依托,优质课程资源建设是职业教育培养适应经济社会发展需求高素质技能型人才的基础条件。2022 年 7 月,《教育部办公厅关于开展 2022 年职业教育国家在线精品课程遴选工作的通知》以"坚持扶优扶强扶特,总结近年来大规模在线教学成果,集聚优质资源,扶持优质公共基础课程、量大面广

---

① 教育部办公厅:《教育部办公厅关于印发〈本科层次职业教育专业设置管理办法(试行)〉的通知》,中华人民共和国教育部,2021 年 1 月 16 日,http://www.moe.gov.cn/srcsite/A07/zcs_zhgg/202101/t20210129_511682.html。

② 《教育部关于印发〈职业教育专业目录(2021 年)〉的通知》,中华人民共和国教育部,2021 年 3 月 17 日,http://www.moe.gov.cn/srcsite/A07/moe_953/202103/t20210319_521135.html。

③ 《关于印发〈内蒙古自治区职业教育专业建设改革实施方案(2022 ~2025 年)〉的通知》,内蒙古自治区教育厅,2022 年 5 月 27 日,https://jyt.nmg.gov.cn/zfxxgk/fdzdgknr/ghjh_17338/202212/t20221215_2189435.html。

④ 《关于优化职业教育专业设置的指导意见》,山东省教育厅,2023 年 4 月 22 日,http://edu.shandong.gov.cn/art/2023/4/22/art_107109_10328305.html。

⑤ 《辽宁省财政厅关于开展高等职业教育兴辽卓越院校和兴辽卓越专业群建设项目申报工作的通知》,辽宁省教育厅,2021 年 9 月 27 日,https://jyt.ln.gov.cn/jyt/gk/jywj/qtbmwj/2023061911061492006/index.shtml。

专业技能课程、新兴产业领域和紧缺领域专业技能课程建设，避免低水平重复建设"为总体要求，明确了国家精品课程遴选的数量与范围、申报要求和申报流程等事项。① 通过建立严格的评审机制和完善的建设制度，鼓励和支持职业学校和教师以及企业专家积极参与职业教育课程资源建设。

在中央政策导向下，各地政府也围绕优质课程资源建设采取了一些重要举措。例如，山西省发布了《山西省教育厅关于开展 2020 年度山西省职业教育在线精品课程认定工作的通知》，江苏省发布了《关于做好"十四五"江苏省职业教育在线精品课程建设工作的通知》，这些政策文件通过培育和认定在线精品课程等方式，促进职业学校不断深化课程改革、聚力打造优质课程资源，提升学校课程的育人效能。这些政策举措的推行，也有力地推动了我国民办职业学校优质课程资源建设工作，为增强民办职业教育人才培养适应性奠定了坚实的基础。

六、加强高水平"双师型"教师队伍建设

教师是学校育人的主体，高质量"双师型"教师队伍是职业学校培养高素质技能型人才的基础和保障，推进职业教育高质量"双师型"教师队伍建设，也一直是党和国家关注的重要问题。2021 年 8 月，《教育部、财政部关于实施职业院校教师素质提高计划（2021～2025 年）的通知》明确了职业学校教师素质提升的具体指导方案。② 2022 年 5 月，《教育部办公厅关于开展职业教育教师队伍能力提升行动的通知》提出从学历层次上通过支持职教师资培养和支持在职教师学历提升来提高教师质量。③ 2023 年国家相继出台的《教育部办公厅关于实施新时代职业学校名师（名匠）名校长培养计划的通知》《教育部等四部门关于印发〈职业学校兼职教师管理办法〉的通知》《国家级职业教育教师和校长培训基地管理办法（试行）》等政策文件对"职校教师素质提升计划"落实工作进行了详细规定。

在中央政府政策导向下，各地政府围绕职业教育"双师型"教师队伍建设也采取了一系列重要举措。例如，四川省印发了《四川省职业教育"双师型"教师认定

---

① 教育部办公厅：《教育部办公厅关于开展 2022 年职业教育国家在线精品课程遴选工作的通知》，中华人民共和国教育部，2022 年 7 月 28 日，http：//www. moe. gov. cn/srcsite/A07/moe_953/202208/t20220809_651731. html。

② 教育部、财政部：《教育部、财政部关于实施职业院校教师素质提高计划（2021～2025 年）的通知》，中华人民共和国教育部，2021 年 8 月 4 日，http：//www. moe. gov. cn/srcsite/A10/s7034/202108/t20210817_551814. html。

③ 教育部办公厅：《教育部办公厅关于开展职业教育教师队伍能力提升行动的通知》，中华人民共和国教育部，2022 年 5 月 17 日，http：//www. moe. gov. cn/srcsite/A10/s7034/202205/t20220523_629603. html。

基本条件（试行）》，明确了"双师型"教师的认定标准和程序，为"双师型"教师队伍建设提供了基本遵循。① 河北省印发了《河北省深化"双师双证"推进职业教育改革创新工作方案》，从总体要求、主要任务、组织实施等方面，为新时期职业教育"双师型"教师队伍建设指明了方向。② 这一系列相关政策举措的出台实施，为职业教育高质量"双师型"教师队伍建设提供了可靠依托。

七、组织职校开展学生职业技能大赛

开展学生职业技能大赛，是职业学校锻炼和培养学生职业技能的重要抓手，是增强学校人才培养和社会岗位适应性的关键措施。截至 2023 年，全国职业院校技能大赛已经成功举办了 15 届，每一届职业技能大赛开始之前，教育部办公厅都会发布《关于印发〈全国职业院校技能大赛执行规划〉的通知》，以"提升全国职业院校技能大赛（以下简称大赛）专业化、制度化水平，明确未来 5 年大赛发展方向、主要任务和保障措施，保证大赛规范有序发展"③，每年的通知都会对大赛开展背景、要求、原则、主要任务和保障措施进行详细说明，并与时俱进地作出调整。

全国各地在落实职业学校学生职业技能大赛方面也采取了一些配套政策举措，尤其是在每届职业学校学生职业技能大赛举办之前，也都会紧密结合国家相关政策要求，以及当地职业教育发展实际情况，出台具体的指导意见和实施办法，积极打造各地富有特色的职业学校学生职业技能大赛品牌。

第二节 增强民办职业教育适应性的主要成效

近些年来，在我国各级政府以及民办职业学校协同努力和推动下，我国民办职业教育产教融合深入推进、实习实训基地建设卓有成效、优质课程资源不断丰富、"双师型"教师队伍建设成效显著、人才培养社会适用性不断增强、社会贡献明显提高、社会认可度持续提升，民办职业教育适应性显著增强。

---

① 四川省教育厅：《四川省教育厅关于印发〈四川省职业教育"双师型"教师认定基本条件（试行）〉的通知》，四川省人民政府，2023 年 12 月 25 日，https：//www. sc. gov. cn/10462/c109841/2023/12/25/7c969b2cd42b40e4b3d6fff66b08942b. shtml。
② 《河北省教育厅关于印发〈河北省深化"双师双证"推进职业教育改革创新工作方案〉的通知》，河北省教育厅，2020 年 9 月 11 日，http：//jyt. hebei. gov. cn/col/1410097726928/2020/09/11/1599808246164. html。
③ 教育部办公厅：《教育部办公厅关于印发〈全国职业院校技能大赛执行规划（2023—2027 年）〉的通知》，2023 年 3 月 31 日，http：//www. moe. gov. cn/srcsite/A07/zcs_yxds/s3069/202303/t20230331_1053799. html。

一、民办职业教育产教融合深入推进

在我国各级政府强有力的政策支持与推进，以及民办职业学校的不断改革创新下，我国民办职业教育产教融合得到了持续深入的推进，学校教育事业快速发展。例如，台州民办中等职业教育经过近 30 年的实践与探索，初步形成了既具有地方特色，又体现新时代中国民办中等职业学校普遍特征的发展态势，在实践中走出了一条独特的民办中等职业教育产教融合发展道路。某职业技术学校坚持"校企结合、订单培养、二元教学"的办学之路，促使学校人才培养与产业实践紧密结合，既提升了学校办学实力，也有助于学校培养出更多适应产业发展需求的高素质技能型人才。在推进产教融合上，不断完善"校企互融"机制，既促使学校专任教师每年前往企业进行实践锻炼，也注重吸纳企业中高层管理人员与技术骨干作为校外导师参与学校办学，形成了学校办学与企业发展的良性互动机制。2020 年，台州某学院成立，以浙江某学校为基础，开始探索"1 所中职 + 1 所高职 + 1 家龙头企业"的"中高企一体化"协同育人模式，进一步创新了职业教育产教融合形态。2023 年 8 月 30 日，台州市出台了《台州市职业教育校企合作促进条例》，为台州市民办职业教育产教融合的持续深入推进提供了坚实保障。①

二、民办职业教育实习实训基地建设卓有成效

实习实训基地建设作为推进职业教育产教融合的重要内容，在我国各级政府、行业企业，以及民办职业学校的共同努力下，我国民办职业教育实习实训基地建设成效显著，全国各地民办职业学校都采取了一系列政策举措。例如，常熟市出台了《常熟市关于职业教育创新发展的实施方案》，通过设立专项基金，引导常熟市域范围内骨干企业共建职业教育现代化实训基地，在建设中明确校企协作双主体工作机制，推动实训基地"共建、共享、共管"，促进产教供需双向对接，建设目标紧扣"满足实际需要，培训实用技能"要求，汇聚多家企业和多所职业学校协同建设实训基地。②从具体民办职业学校情况看，三亚某职业学院走出了一条适合学校办学实际的实习实

---

① 《提升办学"硬实力"产教融合再赋能民办中等职业教育谱新篇》，载于《台州日报》2023 年 9 月 21 日。

② 常熟市教育局：《善用慈善基金 坚持"实"字为要——常熟市职业教育现代化实训基地建设纪实》，常州市人民政府，2023 年 8 月 17 日，http://www.changshu.gov.cn/zgcs/c100297/202308/330b7f4655714fa5ab3983ed96056007.shtml。

训基地建设之路。根据学校在航空、航海和旅游三方面的"两航一游"专业布局特征，学校围绕各专业人才培养实际需求，聚力打造特色化的高水平实习实训基地。学校先后建设并获批了教育部汉莎飞机维修协同创新平台以及多个现代化实训中心，包括147执照培训中心、飞机综合维修中心、飞行模拟训练中心等，涵盖了从基础理论到实际操作的全方位培训。同时，学校还斥资引进了诸如飞行模拟机、实训飞机、飞机发动机等先进的实训设备，促使实习实训基地建设与人才培养过程紧密融合。①

三、民办职业教育优质课程资源建设成绩突出

在国家政策的大力推动下，我国各民办职业学校纷纷加大课程建设专项投入、不断创新课程教学方式方法、推动信息技术与课程教学深度融合，深入开展优质课程资源建设，取得了突出成绩。例如，广州某职业学院在优质课程资源建设方面采取了一系列有效措施，成效十分显著。在具体课程建设实践中，学校积极贯彻落实教育部关于开展职业教育国家在线精品课程遴选工作的政策要求，推进学校课程建设深度契合数字化时代教育发展的趋势和要求。建立了开放式立体化的移动教学互动平台，开展网络教学、实景课堂、在线考试、移动录播教学等形式丰富多彩的教学活动，促使教学资源在教学活动中得以充分利用，实现了信息技术与课程教学的深度融合。为推进高质量在线精品课程资源建设，学校还出台了《广州城建职业学院在线精品课程培育实施方案》，鼓励教师创新线上线下混合式教学模式，开展育人方式、教学方法和考核评价的数字化改革。截至2023年12月，学院已建成了省级精品资源共享课程12门、省级精品在线开放课程3门，在建省级优质继续教育网络课程6门、省级课程思政示范课程4门，校级精品在线开放课程也达到了相当规模。② 此外，学校还开放了多门MOOC课程，并根据学校专业建设实际情况引进了大量第三方建设的网络通识教育课程，为学生提供了丰富多样的优质课程资源。

四、民办职业教育双师型教师队伍建设成效显著

近年来，在各级政府的大力引导和支持下，尤其是《国家职业教育改革实施方案》和《深化新时代职业教育"双师型"教师队伍建设改革实施方案》等政策文件

---

① 《学院简介》，三亚航空旅游职业学院，2024年3月10日，https：//www.hnasatc.edu.cn/xygk/xyjj.htm? ivk_sa=1024320u。

② 广州城建职业学院：《广州城建职业学院高等职业教育质量报告（2023年度）》，广州城建职业学院教务处，2024年3月10日，https：//www.gzccc.edu.cn/zlnb/zlnb20231/zlnb20231.htm。

的出台实施，促使各民办职业学校都将高质量"双师型"教师队伍建设作为学校的核心工作来抓，不断健全学校"双师型"教师引进和培育机制，将"双师型"教师外部引进和内部培养紧密结合，建设成效十分显著。例如，绍兴某学院在引进"双师型"教师的同时，更加注重教师"双师"素质的内部培养，大力推进高水平"双师型"教师队伍建设。学校结合专业群建设和教师专业成长需要，通过引培紧密结合的方式设立了 8 个教师企业实践流动站和 24 个"双师型"教师培养培训基地，促使专任教师定期参与实践锻炼，显著提高教师专业实践素养。同时，学校还充分发挥名师名匠工作室的引领作用，实施"名师名匠培养计划"，为教师"双师"素质提升营造了良好的制度环境。2023 年，学校新增"双师型"教师 43 人，显著优化了学校的教师队伍结构。此外，学校还积极推动专任教师"带着课程和课题下企业"的实践模式，先后共有 351 位教师深入行业、企业一线参与实践活动，与企业共同开发课程和教材。目前，该校专任教师中具有"双师"素质的教师占比已达到了 85.15%，"双师型"教师队伍建设取得了明显成效，有力助推了学校教育事业的快速发展。[①]

五、民办职业教育人才培养社会适用性不断增强

人才培养是学校教育的核心工作，近些年来我国民办职业学校不断深化人才培养体系改革、优化人才培养模式，促使人才培养质量不断提高，人才培养社会适用性显著增强。具体来说：一是专业设置与市场需求紧密对接。民办职业教育机构更加灵活地根据市场需求和行业发展趋势，设置与之相适应的专业和课程，有助于培养符合社会需求的技能型人才。二是实践教学与企业深度合作。在人才培养过程中，各民办职业学校十分注重实践教学的育人功能，通过与企业深度合作，建设高水平实习实训基地、开展订单式培养等方式，让学生在真实工作环境中锻炼实践能力，以更好地适应职场需求。三是不断提升教学质量。在招生和就业的双重重压下，民办职业学校为了提高办学竞争力，通过不断加强教师队伍建设、改进教学方法和手段，持续提高学校教学质量，确保学生掌握扎实的专业知识和技能。四是强调学生职业素养的培育。除了专业技能，民办职业学校也更加注重学生职业素养的培育，如团队合作、沟通能力、职业道德等，促使学生具备特定职业所需的综合素质，更容易融入社会和企业。五是关注就业服务。多数民办职业学校积极开展就业指导和推荐工作，帮助学生了解就业市场信息，提高就业竞争力，促进学生顺利就业。这些政策举措，都促使民办职

---

① 绍兴职业技术学院：《绍兴职业技术学院 2023 年高等职业教育质量报告》，绍兴职业技术学院教务处，2024 年 2 月 21 日，https://www.sxvtc.com/info/1010/9606.htm。

业教育人才培养更加符合社会发展的实际需求，提高了人才培养的社会适用性。

六、民办职业教育对经济发展的贡献明显增强

作为社会力量参与职业教育发展的重要体现，民办职业教育经过近些年的发展，对我国经济社会发展的贡献明显增强，主要表现在以下几个方面：第一，提供高素质技能型人才支持。民办职业教育培养了大量适应产业发展需求的高素质技能型人才，满足了各类企业尤其是中小民营企业对高素质劳动力的需求，为经济发展提供了有力的人才支撑。第二，促进就业和创业。通过提供合适的职业教育，学生获得了实用的职业技能和就业能力，创造了更多就业机会，促进就业质量不断提升。同时，一些民办职业学校还积极开展创业教育，培养学生的创业精神和创业能力，促进了学生积极开展创业活动。第三，带动产业创新发展，促进产业转型升级。民办职业教育的发展带动了教育培训、教材出版、设备制造等相关产业的发展，创造了更多的经济增长点。同时，民办职业教育与产业界紧密合作，及时跟进产业技术发展，培养具有创新能力的技术技能型人才，推动了企业的技术创新和产业升级，促进经济的可持续发展。第四，提高了劳动生产率。相比较而言，经过职业技能培训的劳动者，具备了更专业的知识和技能，能够显著提高工作效率和质量，从而整体上提高了劳动生产率，推进了经济社会高质量发展。第五，服务地方经济发展。民办职业教育更加贴近地方经济发展需求，为地方主要企业和龙头产业培养定制化的人才，有效促进了地方经济的特色化发展。

七、民办职业教育的社会认可度持续提高

社会认可度是民办教育安身立命的关键所在，在我国各级政府政策的大力引导和支持，以及民办职业学校的共同努力下，近些年来我国民办职业教育社会认可度持续提高，主要表现在以下几个方面。一是民办职业教育规模不断扩大。2021 年，我国共有民办中等职业学校 1 978 所，民办高职（专科）学校 350 所，民办本科层次职业学校 22 所；[①] 2022 年，我国共有民办中等职业学校 2 073 所（不含技工学校数据），民办高职（专科）学校 350 所，民办本科层次职业学校 22 所；[②] 2023 年，我国共有

[①] 《2021 年全国教育事业发展统计公报》，中华人民共和国教育部，2022 年 9 月 14 日，http：//www. moe. gov. cn/jyb_sjzl/sjzl_fztjgb/202209/t20220914_660850. html。

[②] 《2022 年全国教育事业发展基本情况》，中华人民共和国教育部，2023 年 3 月 23 日，http：//www. moe. gov. cn/fbh/live/2023/55167/sfcl/202303/t20230323_1052203. html。

民办中等职业学校 2 128 所（不含技工学校数据），民办高职（专科）学校 374 所，民办本科层次职业学校 22 所。① 总体来看，民办职业学校规模呈现稳中有增的趋势。二是就业质量较高。社会对民办职业教育人才培养的认可度不断提高，民办职业学校毕业生就业质量较高。如陕西某学院 2023 届毕业生就业落实率达 95.04%，就业专业对口率达 63.81%，职业期待吻合率达 80.42%，工作总体满意度达 92.04%，用人单位对毕业生的总体满意度也达到 97.94%。② 三是社会评价改善，各方认可度不断提高。在政府方面，各级政府出台了一系列支持民办职业教育发展的政策，包括财政补贴、税收优惠等；在行业企业方面，民办职业教育与行业企业的合作日益紧密，企业对民办职业教育的参与度和支持度不断提高；在家长与学生方面，更多的家长和学生愿意选择民办职业教育，认为其能够提供与传统教育不同的实践技能培养和职业发展机会。

第三节　增强民办职业教育适应性的问题堵点

从现实情况看，虽然近年来我国民办职业教育适应性显著增强，但仍然还存在着专业设置滞后生产实践、课程建设实践导向欠缺、"双师型"队伍建设待强化、教学方式方法实践性差、教育评价实践导向不足、学生实习实训还未落实、社会服务制度还不健全等问题堵点，不利于民办职业教育适应性的持续提升。

一、专业设置滞后生产实践，人才培养社会需求适配度较低

民办职业学校专业设置重文科轻理工科、重传统专业轻新兴专业、学校专业更新机制不健全，使得学校人才培养与社会生产实践需求的适配度较低。

一是重文科专业轻理工科专业，实践性强的工科类专业占比较低。由于办学资源条件、办学模式、办学传统等多种因素的影响，多数民办职业学校在专业设置上更倾向于选择开办成本与要求较低的文科类专业，而开办成本和要求较高的理工科，尤其是工科专业则较少开设。这导致我国多数民办职业学校出现专业设置趋同的问题，难以彰显其办学特色。

二是重传统专业轻新兴专业，适应产业发展新需求的新兴专业比例较低。在教育

---

① 《2023 年全国教育事业发展基本情况》，中华人民共和国教育部，2024 年 3 月 1 日，http://www.moe.gov.cn/fbh/live/2024/55831/sfcl/202403/t20240301_1117517.html。

② 陕西工业职业技术学院：《陕西工业职业技术学院毕业生就业质量年度报告（2023 届）》，陕西工业职业技术学院教务处，2024 年 3 月 10 日，http://jyw.sxpi.edu.cn/upload/202312/29/202312291358355134.pdf。

实践中，多数民办职业学校由于办学资金有限、专业建设思路不清、师资储备不足、改革发展前瞻性不强的原因，在专业设置上往往因循守旧、缺乏创新，更多是在每个专业大类下坚持举办传统型专业，而较少根据时代发展新趋势、产业发展新要求、学生发展新需求进行大胆创新，使得一些民办职业学校区域发展需求与国家战略性新兴产业发展需求针对性强的新兴专业比例较低。[①]

三是专业的设置评估和更新机制不健全，专业设置社会发展需求同步度低。多数民办职业学校在专业设置中对社会需求不够重视，尚未建立完善的学科专业调整机制，"故步自封"的专业建设模式使得学校专业设置始终跟不上产业发展实际需求，掣肘了学校人才培养的适应性。[②]

二、课程建设实践导向欠缺，难以支撑技能型人才培养目标

民办职业学校课程建设实践导向欠缺，过于注重理论性课程开设和理论性知识教学，课程开设顺序与学生实践技能发展顺序不匹配，致使学校课程教学难以有效支撑高素质技能型人才培养目标的实现。

首先，课程结构中理论性课程过多，实践性课程不足。开设类型多样、数量充足的实践性课程，是培养高素质技能型人才的重要保障。然而，由于多数民办职业学校实践教学资源有限、对实践教学的重视程度不够、实践教学制度机制不完善等原因，学校各专业在课程结构设计上不得已以理论性课程为主，实践性课程的开设比例较低。

其次，课程内容中理论性知识比重过大，实践性知识比例较低。课程内容中合理的理论性知识与实践性知识结构，尤其是在保证基本理论知识教学基础上具有充足的实践性知识，是培养学生专业实践意识和技能的重要抓手。但在实践中，由于学校重视不够、人才培养模式不健全、教师思维定式等因素的影响，多数民办职业学校课程内容多为理论性知识、实践性知识占比较低。

最后，课程开设顺序与学生实践技能生成顺序不匹配。不同类型课程开设顺序深度契合学生实践技能生成顺序，有助于更好地培养学生的专业实践技能。而在课程结构设计中，我国多数民办职业学校还未完全摆脱传统"知识逻辑"下的课程内容设计思路，较多机械地依据学科体系来分段，将实践性知识往往放在最后或陪衬地位，

---

① 朱秋月、黄旭中、马丹、曹靖：《增强职业教育适应性发展的区域比较研究——基于对湖北省职教发展的调研与思考》，载于《湖北社会科学》2023年第10期。

② 李海东、杜怡萍等：《高等职业教育专业设置与经济发展的适应性研究》，载于《中国职业技术教育》2013年第6期。

未将专业知识和实践能力培养深度融合，这样的课程内容编排顺序不符合学生实践技能发展规律。[①]

三、"双师型"队伍建设待强化，高素质技能人才培养乏力

民办职业学校"双师型"教师队伍建设还有待强化，突出表现在学校整体"双师型"教师比例较低、"双师型"教师选聘机制不健全、教师专业实践技能发展机制不完善，致使学校在推进高素质技能型人才培养上比较乏力。

第一，教师结构不合理，"双师型"教师比例较低。从我国民办职业学校教师队伍建设实际情况看，虽然有部分高水平民办职业学校教师队伍结构比较合理，但大多数学校都存在着"双师型"教师缺乏的问题，尤其是学生专业实践指导教师更为短缺，师资队伍结构不尽合理。

第二，学校"双师型"教师选聘机制不健全。一些民办职业学校还未建立专门的"双师型"教师选聘机制，对于"双师型"教师如何认定？怎样评估"双师型"教师能力素质？如何考核"双师型"教师工作业绩？这些问题都还未从深层次上梳理清楚，致使一些学校在"双师型"教师十分短缺的情况下新招聘的教师仍以高学历的应届生为主，"双师型"教师的选聘力度不足。

第三，教师专业实践能力发展机制不完善，"双师型"教师自我培养面临困难。相较于传统的教师队伍建设模式，培育"双师型"教师则需要更多的资源配置、更完善的制度保障。然而，实践中多数民办职业学校都还未建立完善的教师专业实践技能发展机制，在制度引导、平台支撑、资源保障等方面都存在有待完善之处，极大地限制了学校"双师型"教师的自我培养能力。

四、教学方式方法实践性较差，学生实践技能未得到充分发展

民办职业学校教学方式方法的实践性较差，主要表现在理论教学以教师讲授为主、实践教学教师指导不足、理论教学与实践教学配合不紧密等方面，使得学生专业实践技能难以得到充分发展。

一是在理论教学中，多数学校仍以教师讲授为主。理论教学中采用多样化的教学方式方法，尤其是讨论法、案例法、情景法等实践性和应用性强的教学方法，更有助

---

① 安培、李亚昕：《增强职业教育适应性要素框架、掣肘问题与改进策略》，载于《职业技术教育》2023年第 10 期。

于学生掌握专业理论知识、提高理论知识的实践应用能力。而在实践中，多数民办职业学校理论教学仍以教师单方面讲授为主，教学过程往往变成了单向的知识传递过程，教学效果不尽如人意。

二是在实践教学中，学生缺乏教师的有效指导。在实践教学过程中，教师适时、恰当的指导对于学生专业实践能力的发展至关重要。而现实是，多数民办职业学校还未建立完善的实践教学管理机制，致使实践教学多沦为学生自我摸索的环节，学生难以得到老师的有效指导。

三是在人才培养过程中，理论教学与实践教学配合不紧密。理论教学与实践教学从不同侧面助推着高素质技能型人才培养目标的实现，二者的紧密配合能够更好地发挥学校的育人效能。但多数民办职业学校对理论教学与实践教学缺乏一体化的设计，往往以理论教学为主而将实践教学置于从属地位，实践教学内容与理论教学内容的衔接不紧，致使理论教学与实践教学难以充分发挥育人合力，支撑学生专业实践技能发展乏力。

五、教育评价实践导向不足，技能型人才培养目标难以保障

民办职业学校教育评价体系的实践导向不足，教育评价制度盲目模仿其他类型学校、教育评价重理论知识掌握轻实践能力发展、实践教学评价体系不完善，致使学校高素质技能型人才培养目标难以实现。

其一，盲目照搬其他类型学校的教育评价制度，针对学校实际的特色化探索不足。相较于本科高校与其他同级公办学校，民办职业学校的办学资源不足、条件较差、水平较低、经验有限。这导致一些民办职业学校的教育评价制度多盲目模仿本科高校或者公办职业学校，相对忽视了民办职业学校自身的类型差异和办学实际。因此，这些学校的教育评价机制缺乏基于本校实际情况的有益探索和实践，使得教育评价制度与人才培养目标的契合度较低。

其二，教育评价重理论知识掌握轻实践能力发展，不利于师生专业实践能力的培育。对于教师的评价，多数民办职业学校仍过于重视教师学历，以及学术论文、学术专著、纵向科研项目等的数量，而对教师科技成果转化、服务区域产业发展、指导学生专业实践等实践能力的关注度不够；对于学生的评价，往往也更偏重学生的专业理论知识掌握情况，相对忽视了学生的理论知识应用能力和专业实践操作能力等。

其三，实践教学评价体系不完善，实践教学难以有效落实。当前，多数民办职业学校尚未建成完善的实践教学评价体系，学生实践教学环节管理相对松散，甚至有部分学校学生实习实训仍流于形式，实践教学效果评价往往多限于实习实训基地终结性

的描述评价，实践教学效果难以保障。

六、学生实习实训还未落实，实践技能发展缺乏可靠依托

民办职业学校学生实习实训岗位匹配度不高、实习实训专业深度有限、校外实习实训基地建设还需强化，学生实习实训环节未得到有效落实，学生专业实践技能发展缺乏可靠依托。

一是学生实习实训岗位的专业匹配度不高。较高的实习实训岗位专业匹配度，是更好地培养学生专业实践技能的重要途径。而在实践中，一些民办职业学校由于实习实训基地数量较少、类型有限、未实现学校所有专业点全覆盖，致使很多专业点的学生实习实训都被安排到了与自己所学专业不匹配的岗位上，实习实训效果不佳。[1]

二是学生实习实训难以接触到专业实践的核心领域。尽管专业实践技能发展有一个由浅入深的过程，但在实践中多数民办职业学校实习实训基地为不影响企业正常的生产实践，往往只允许学生参与一些与专业核心领域距离较远的实践活动，学生难以接触到专业技能的核心，实习实训对于发展学生专业实践技能的助推力有限。

三是校外实习实训基地建设还需强化。相较于公办职业学校，民办职业学校本身的办学资源不足、办学条件较差，校内实习实训基地建设也相对滞后。理论上讲，校内实习实训基地不足，更应重视开拓校外实习实训基地，但多数民办职业学校在实践中仍较多关注校内实习实训基地建设，对校外实习实训基地建设的推进力度明显不够。

七、社会服务制度尚不健全，服务经济社会发展能力不足

民办职业学校社会服务机制不健全，突出表现在科研制度的实践应用导向不足、师生参与社会服务的政策机制不完善，致使学校服务经济社会发展的能力还有待提升。

第一，学校科研制度的实践应用导向不足。强化科研制度的实践应用导向，是引导广大教师参与社会服务的重要抓手。但多数民办职业学校的科研制度依然更加关注教师论文、专著、项目等学术性科研成果，而对教师科技成果转化和服务产业发展等状况的重视不够，使得学校科研工作未能有效服务经济社会发展。

第二，教师参与社会服务的引导和保障机制不完善。完善的保障机制是教师积极

---

[1]　张家铭：《让职业学校实习实训不再"错位"匹配》，载于《人民政协报》2023 年 12 月 27 日。

和安心参与社会服务的关键所在，尤其对于民办职业学校来说建立完善的教师参与社会服务保障机制更具特殊意义。而当前多数民办职业学校的教师参与社会服务保障机制还不完善，既在教师职称评聘标准中赋予了较低比例的社会服务分值，也未能明确教师参与社会服务的工作量认定、学校相关工作安排等具体办法，使得教师难以安心参与社会服务。

第三，学生参与社会服务的引导机制不健全。学生参与社会服务，既是学校服务社会的一种重要方式，也是培养学生专业技术技能的重要途径。而多数民办职业学校在学生评价体系中社会服务的学分占比较低、奖励引导不够，学生参与的积极性不高。[1]

第四节　增强民办职业教育适应性的改进思路

面对职业教育高质量发展目标，以及增强民办职业教育适应性的问题堵点，亟须民办职业学校聚力强化专业设置需求导向、突出课程建设实践导向、健全"双师型"教师队伍建设机制、提高教学方式实践含量、凸显教育评价实践特征、落实学生实习实训环节、优化社会服务制度体系，全方位增强民办职业教育适应性。

一、强化专业设置需求导向，增强人才培养的社会适用性

根据学校办学定位和特色，做大做强传统优势专业、积极开办新兴专业，构建多方协同的民办职业学校专业设置与调整机制，强化学校专业设置社会需求导向，增强学校人才培养的社会适用性。

第一，凝练学校办学传统和特色，做大做强优势专业。根据学校类型和办学定位，深度凝练学校办学传统、办学特色、办学优势，将学校专业设置与学校类型及办学定位精准对接，在学校类型和办学定位的大方向下，紧紧围绕学校办学传统、办学特色、办学优势，开设紧密相关的专业类别，组建传统优势专业群、特色优势专业群，以相关专业集群发展之力打造一流专业建设点，提升学校专业建设水平。

第二，建立新兴专业的培育机制，积极开办新兴专业。定期开展市场调研，密切关注市场新需求和行业发展新趋势，及早确定新兴专业建设方向和目标，将引导学校已有教师转型发展与外部引进新教师紧密结合，建立新兴专业师资储备机制，提前规

① 朱秋月、邹春柳、林晨宇：《现代化进程中增强职业教育适应性：价值诉求、现实困境和实践图景》，载于《职业技术教育》2023 年第 10 期。

划学校课程资源和实习实训资源，积极制定和完善新兴专业人才培养方案，努力创造新兴专业开设的必要条件，积极申报开设新兴专业。

第三，协同地方政府及行业企业，完善专业调整机制。协同区域职业学校及行业组织，积极争取地方政府支持，推进建立"地方政府—行业组织—地方龙头企业—民办职业学校"多方组成的社会人才需求预测和专业调整机制，增强民办职业学校专业设置的市场敏感度，推进学校专业设置始终与社会人才需求同向同行，提高学校人才培养的社会适用性。

二、突出课程建设实践导向，促进人才培养目标落地生根

通过提高实践性课程比重、强化课程内容的实践性和前沿性、促使课程开设顺序深度对接学生实践技能生成规律，进一步突出课程建设的实践导向，更好地发挥课程育人效能。

一是适当提高实践课程比重，提高课程结构与人才培养需求匹配度。分类细化各专业人才培养目标，建立各门课程目标与人才培养子目标的紧密对应关系。在人才培养目标导向下，按照"必须""够用"为度的原则对专业基础理论课程进行"削枝强干"，在保证基本专业理论知识教学需求的基础上，积极创造条件提高实践操作类、实习实训类、技术与实践能力拓展类课程的比例，有效支撑学校高素质技能型人才培养目标。

二是建立课程内容更新机制，增强专业课程内容的实践性和前沿性。建立健全学校课程内容更新管理机制，促使教师努力克服专业理论课程内容陈旧性、教学枯燥性、评价单一性倾向，不断根据人才培养目标要求更新课程内容体系，尤其是在课程内容中强化学科专业发展新知识、生产实践新动态、工作岗位新要求、相应行业新标准等相关内容的及时引入，提高课程内容的实践性和前沿性。

三是科学设计课程开设顺序，深度对接学生专业实践能力生成规律。引导广大教师转变课程结构设计观念，彻底摆脱"知识逻辑"下的课程结构设计思路，建立"实践逻辑"引领的课程结构设计模式。促进教师深入研究学生专业实践技能的生成规律，并将课程开设顺序和课程结构安排深度对接学生专业实践技能生成逻辑，提升不同类型课程的育人合力。

三、健全"双师型"队伍建设机制，夯实技能型人才培养后劲

将"双师型"教师外引和内培紧密结合，健全"双师型"教师队伍建设机制，

切实提升"双师型"教师比重，夯实学校高素质技术技能型人才培养后劲。

一方面，完善"双师型"教师选聘和考核机制，加大"双师型"教师引进力度。在选聘上，在国家相关政策框架下，制定学校"'双师型'教师引进实施办法"，明确界定"双师型"教师素质标准尤其是专业技术技能标准，制定独立的"双师型"教师聘用评价体系，并在教师招聘过程中严格落实相关政策要求，为符合"双师型"教师素质标准的教师来校工作提供更多便利。在考核上，根据"双师型"核心素质标准，制定单独的"双师型"教师考核评价办法，推进"双师型"教师与普通教师分类管理、分类支持、分类评价，形成更符合"双师型"教师特质和发展实际的考核评价制度，吸引更多高素质"双师型"人才来校应聘。

另一方面，健全教师专业技能发展机制，提升"双师型"教师内部培养能力。在评价标准上，根据学校人才培养实际需要，科学调整学校专任教师评价标准，尤其应在教师职称评审、聘期考核、年终绩效分配等评价体系中，明确教师专业实践技能发展要求，引导广大教师积极参与企业生产实践，不断提高自身专业实践技能。在发展途径上，强化校企深度协同，将学生实习实训基地建设与教师专业实践技能发展基地建设相结合，促使专任教师尤其是专业课教师定期前往企业实践锻炼。在政策保障上，建立学校"专任教师入企锻炼支持机制"，为专任教师入企锻炼提供经费支持，合理安排教师在校所承担的各项工作，消除教师后顾之忧。

四、提高教学方式实践含量，突出培养学生专业实践技能

增强理论教学的实践性，强化实践教学教师指导，落实理论教学与实践教学一体化推进，全方位提升学校教学方式的实践含量，提升学校高素质技术技能型人才培养能力。

第一，改进理论教学方法，增强专业理论课程教学的实践性和应用性。深入开展全校教育教学大讨论，扎实推进教学改革和课堂革命，引导广大教师彻底转变传统教学观念，促使教师尤其是专业理论课任课教师积极根据课程内容特征创新教学方法。在基础理论知识讲授的基础上，更多采用实物模型展示、实践案例分析、实践问题研讨等实践性强的教学方式，激发学生学习兴趣。

第二，明确实践教学要求，强化学生实践教学过程的教师针对性指导。健全学校实践教学管理制度体系，建立学生实践教学的学校导师和企业导师"双导师"制度，细化实践教学过程教师指导责任、指导办法，将学生实践教学教师指导效果纳入教师考核评价体系，并建立相应的奖惩和监督检查机制，调动教师指导学生的积极性和主动性，提升实践教学指导实效。

第三，完善教学制度设计，落实理论课程教学与实践教学一体化推进。紧紧围绕人才培养目标，推进理论课程教学与实践教学一体化设计，落实同步设计、同步实施、同步推进。制定明确的教学大纲，确保理论课程教学与实践教学的内容和要求衔接紧密，完善理论课程教学与实践教学一体化评价制度，提高教师对一体化教学的认识和能力，促使专业理论课教师与企业导师深度合作，提高理论课程教学与实践教学的一体化育人合力。

五、凸显教育评价实践特征，强化人才培养过程监督检查

围绕人才培养目标完善学校教育评价制度，突出实践能力发展评价，健全实践教学评价制度体系，全方位强化学校教育评价的实践性特征，为学校技术技能型人才培养提供正确的方向指引。

一是须根据人才培养目标完善评价制度。在学校教育评价制度建设中，彻底摆脱盲目模仿和照搬思想，紧紧围绕学校人才培养目标定位，在国家《深化新时代教育评价改革总体方案》框架下，科学构建适应学校办学实际的教育评价体系。在具体操作中，广泛吸纳行业企业专家参与学校教育评价制度建设，充分听取和考虑行业企业专家的建设性意见，促使学校教育评价制度深度契合人才培养目标要求。

二是须突出师生专业实践能力发展评价。根据各专业人才培养要求，在学校教育评价体系中明确教师和学生专业实践能力发展要求。一方面，建立清晰的教师和学生专业实践能力评价指标体系，为师生专业实践能力发展提供方向指引；另一方面，适当提高专业实践能力发展在师生评价体系中的比重，引导师生将更多时间和精力放到提升专业技能上来。

三是须建立健全实践教学评价制度体系。根据各专业人才培养目标，制定清晰的实践教学目标，并据此构建全面、具体、可操作的实践教学评价指标体系，建立基于校企全面合作的实践教学评价机制，明确实践教学观察、测试、作品评估、实习报告等多样化的评价方式方法，突出学生在实践教学过程中学习态度、方法、合作能力等方面的全面评价，强化实践教学评价过程监督检查，助力改善实践教学育人实效。

六、落实学生实习实训环节，改善学生实践技能培养成效

通过加强实习实训基地建设、完善实习实训制度体系、强化实习实训过程监管等举措，全面落实学生实习实训环节，改善实习实训的学生实践技能培养成效。

其一，加强实习实训基地建设，建立数量充足类型丰富的实习实训基地。完善学校实习实训基地建设机制，既通过积极寻求校外行业企业资源开展深度校企合作，引进校外产业资源充实校内实习实训基地，又充分依托《教育部办公厅关于开展市域产教联合体建设的通知》等政策优势，主动与地方政府、行业、企业建立命运共同体，协同打造高质量市域产教联合体，不断丰富实习实训基地类型、拓展实习实训基地数量、提高实习实训基地质量。

其二，完善实习实训制度体系，明确学生实习实训目标、内容、方式等。结合不同专业实习实训的具体特征，分专业制定完善"学生实习实训实施办法"，详细规定学生实习实训的目标、任务、内容、方式、指导办法等，尤其要建立在与实习实训基地充分沟通的基础上，明确学生实习实训内容的专业性要求与企业导师的指导责任，为学生实习实训过程提供具体可操作的办法。

其三，强化实习实训过程监管，促使各项实习实训政策制度落到实处。推进建立"学校领导—企业领导—学校教师—企业导师"四方组成的"学生实习实训工作领导小组"，突出领导小组的实习实训监管功能、健全监管机制，对于学生实习实训过程出现的实践岗位不对口、实践内容不专业、教师指导不到位等问题进行及时纠正，切实提高实习实训育人效能。

七、优化社会服务制度体系，提升学校服务社会发展能力

通过调整学校科研制度、完善教师社会服务机制、强化学生社会服务引导，持续优化学校社会服务制度体系，助力提升学校服务经济社会发展能力。

一是调整学校科研制度体系，突出科研制度实践应用导向。加快构建实践应用导向的科研评价体系，更加注重横向科研项目立项、技术转移和科技成果转化、企业实践难题解决方案等实践应用性成果产出，引导广大教师积极开展校企合作，围绕企业生产实践中面临的真实问题、技术难题开展协同攻关，强化学校科研的应用特征和社会效益。

二是完善教师社会服务机制，激发教师服务社会内部动能。在激励机制上，通过在学校薪酬结构中适当体现社会服务的薪酬比重、建立"教师社会服务专项奖励制度"和提高教师年终绩效分配中社会服务分值占比等方式，提高教师社会服务积极性；在保障机制上，建立健全教师参与社会服务管理制度，为教师开展社会服务提供必要的经费支持和政策保障，消除教师参与社会服务的后顾之忧。

三是强化学生社会服务引导，调动学生服务社会的积极性。一方面，在全校范围内对学生加强宣传教育，促使学生深刻理解参与社会服务的重要意义，通过为学生提

供多样化的社会服务项目、引导学生组建社会服务性质的社团组织、细化学生社会服务管理办法等方式，鼓励和支持学生积极参与社会服务；另一方面，通过设立"学生社会服务突出贡献奖"，以及在学校各类评奖评优办法中提高社会服务得分占比等方式，激发学生参与社会服务积极性和主动性。

第六章　提升民办学校内部治理能力

　　"治理"概念的兴起及应用于教育领域伴随着国家治理体系和治理能力现代化建设进程。民办学校作为我国教育事业的一个重要组成部分，是国家治理体系的内容之一。完善民办学校内部治理体系、推进治理能力现代化，既是推进国家治理体系现代化的根本要求，也是引导规范民办教育发展、深化教育领域综合改革、推动中国式教育现代化的迫切需要。

　　民办学校内部治理是一个内涵丰富的概念，它是以平等、协商、共享、共赢为核心理念，以"董（理）事会领导下的校（院）长负责制"为基本制度，涵盖民办高校内部机构责权利划分、制衡关系和配套机制（如组织结构、决策、指挥、执行、激励、约束和监督机制）等，以及组织内各群体、个体的行为过程和互动发展，最终目标是实现学校内利益相关者权责利的平衡和主体作用发挥。[①] 在近几年的办学实践中，各级各类民办学校不断优化内部治理结构，提升内部治理能力，在推动学校的健康运行和办学发展方面取得了一定的成效。但与此同时，一些内部治理的关键瓶颈和突出问题尚未得到真正破解，仍需要在政策引导、理论研究、具体实践中改进和突破。

第一节　提升民办学校内部治理能力的基本做法

　　自 2016 年新版《中华人民共和国民办教育促进法》（以下简称新《民促法》）正式颁布实施以来，我国民办学校已经进入到分类管理时代。在这一大背景下，民办学校内部治理进入了分类过渡期和规范调整期。新法新政不仅给民办学校带来了选择转型的挑战和阵痛，也对完善和优化民办学校内部治理、提升民办学校内部治理能力提出了更明确、更全面的规定和要求。这些规定和要求，集中体现在国家教育行政部门

---

　　① 施文妹：《民办高校内部治理的变革——基于组织发展的视角》，上海交通大学出版社 2023 年版。

对民办学校内部治理基本完成了顶层制度的设计，并从实施决策机构成员集中备案、开展章程内容完善与核准、优化民办学校年检年审制度、加大内部治理监管、探索第三方评价等方面引导和监督执行。对民办学校来讲，在贯彻落实上级各项要求的同时，积极规范学校运行管理，以更开放的姿态推动师生及社会参与内部治理。

一、完成顶层制度设计，实施决策机构成员集中备案

新《民促法》以及《国务院关于鼓励社会力量兴办教育 促进民办教育健康发展的若干意见》《关于加强民办学校党的建设工作的意见（试行）的通知》《民办学校分类登记实施细则》《营利性民办学校监督管理实施细则》《关于营利性民办学校名称登记管理有关工作的通知》等系列政策规定，均将规范民办学校内部治理作为政策法规的重要内容。31 个省级政府沿袭国家规定先后出台了地方民办教育促进法实施细则[1]，尤其是新《民促法》的配套实施条例——《中华人民共和国民办教育促进法实施条例》（以下简称新《实施条例》）历时四年修订，于 2021 年 5 月颁布，9 月正式实行，完成了国家层面对民办学校内部治理的顶层制度设计。

新《实施条例》涉及民办教育行业的重大利益调整，系统提出了民办学校内部治理升级要求。一是完善决策机构设置，鼓励民办学校理事会、董事会或者其他形式决策机构吸收社会公众代表，根据需要设独立理事或者独立董事，实施义务教育的决策机构组成人员应当有审批机关委派的代表。二是应当设立监督机构，监督机构人员以基层人员为主，应当有党的基层组织代表，且教职工代表不少于 1/3，实行亲属回避制度，决策机构组成人员及其近亲属不得兼任、担任监督机构组成人员或者监事，确保监督机构的独立性。三是依法保护校长独立行使教育教学和行政管理职权。四是突出协同治理，明晰了民办学校举办者、管理者、师生员工、地方人民政府、教育行政部门、人社部门、公安部门、教育督导机构、公办学校、金融机构、第三方机构等相关主体的权责边界。五是问责强度升级，第六十四条对于民办学校的违法行为新增刑事责任，不再仅限于传统的"赔偿责任"。[2]

民办学校的理事会、董事会或者其他形式的决策机构是民办学校最高决策机构，在民办学校内部治理中起到了关键性作用。因此，为贯彻落实新《实施条例》精神，2021 年教育部专项制定了《民办学校决策机构成员备案管理办法（试行)》，并于

---

① 段淑芬、杨红娟、阚明坤：《民办高校营利或非营利性质选择困境及其对策——基于行为决策理论》，载于《高教探索》2021 年第 1 期。

② 赵敏、谢敏敏：《新法视域下民办学校高质量发展的新路径》，载于《教育导刊》2023 年第 8 期。

2022 年完成决策机构成员集中备案。①《办法》要求实施学历教育民办学校的理事会、董事会或者其他形式的决策机构及其组成人员产生或变化后，依法向审批机关备案，明确民办学校决策机构的组成人员、任职条件、推选方式、变更备案程序，要求递交备案申请报告、决策机构决议、章程、新任成员简历、任职承诺、校长聘任文件、党组织负责人委任或批复文件、教职工代表民主推选记录、原任组成人员名单、材料真实性的承诺函以及省级教育行政部门规定的其他材料等。实施本科及以上层次教育的民办学校决策机构成员备案材料报教育部发展规划司，其余由各地教育行政部门根据实际情况组织行政区域内的民办学校负责开展。这项办法的制订和实施，使民办学校内部最高决策机构的设立和组成有章可循，发挥了重要的指导作用。

二、重视章程规范作用，修订与核准章程内容

民办学校章程是民办学校办学和管理的纲领性文件，是民办学校依法治校的重要依据，也是民办学校举办者、教职工、学生等主体权益获得保障的重要依据。我国民办教育相关法律法规始终强调民办学校要依法制定和修改章程，对章程制定和修改的程序、章程内容等都进行了规范性要求。新《民促法》规定，申请正式设立民办学校的，举办者应当向审批机关提交学校章程等相关资料；举办者可以依据法律、法规和学校章程规定的程序和要求参加或者委派代表参加理事会、董事会或者其他形式决策机构，并依据学校章程规定的权限行使相应的决策权、管理权。《国务院关于鼓励社会力量兴办教育 促进民办教育健康发展的若干意见》进一步指出，民办学校要依法制定章程，按照章程管理学校；健全董事会（理事会）和监事（会）制度，董事会（理事会）和监事（会）成员依据学校章程规定的权限和程序共同参与学校的办学和管理。新《实施条例》明确了章程应当规定的九个重要事项以及章程修订程序，涉及学校的名称、住所、办学地址、法人属性，举办者的权利义务及举办者变更、权益转让的办法，学校的办学宗旨、发展定位、层次、类型、规模、形式等，学校开办资金、注册资本，资产的来源、性质等，理事会、董事会或者其他形式决策机构和监督机构的产生方法、人员构成、任期、议事规则等，学校党组织负责人或者代表进入学校决策机构和监督机构的程序等。同时加强章程的信息公开，各级部门要求各校向社会公开公布章程，如 2021 年教育部网站在公布同意独立学院转设的函件中，同步公布转设后的民办高校章程。北京市教育委员会网站设置民办教育专栏，对民办高校

---

① 教育部办公厅：《关于印发〈民办学校决策机构成员备案管理办法（试行）〉的通知》，雷波县人民政府，2023 年 9 月 18 日，http：//www.lbx.gov.cn/xxgk/jbxxgk/ztzl/jczwgkzl/lygk/jczwgkzl_27/jczwgkzl_2703/jczwgkzl_270302/202309/t20230918_2552186.html。

和民办高等教育机构信息进行公示，16 所独立学院及民办普通高等学校备案章程均上网可查。①

实践中，一些省市将审批部门和登记部门对章程内容的事项要求进行整合，制定民办学校章程范本，用于指导和规范所管辖范围内民办学校的章程制定，确保学校章程合法、有效。如浙江省杭州市自 2022 年结合《中共中央 国务院关于分类推进事业单位改革的指导意见》《关于建立和完善事业单位法人治理结构的意见》，参考《关于印发〈民办非企业单位章程示范文本〉的通知》《关于印发〈事业单位章程示范文本〉的通知》，制定民办中小学章程参考样本，为全市民办中小学校和进行事业单位法人治理结构改革试点的公办中小学校修订学校章程提供指导，为学校管理现代化提供思路与参照。

为认真贯彻中央教育工作领导小组《关于深入学习宣传贯彻党的教育方针的通知》和《民办学校党建工作重点任务》要求，根据《教育部办公厅关于深入贯彻落实党的教育方针有关内容写入民办学校章程工作的通知》，2022 年各地组织开展了民办学校章程的修订和核准备案工作。②此次全国范围内的民办学校章程修订工作，一是明确了修订重点内容。要求把党的建设有关要求写入章程，在学校章程中明确党组织的设置形式、地位作用、职责权限、参与决策机制和党务工作机构、人员配备、经费保障等内容。二是明确了修订程序，各区市教育局指导民办学校抓紧推进学校章程修订工作，形成章程修订稿，并事先公告，征求利益相关方意见。依照规定的程序完成修订工作，由学校法定代表人签字后，以学校名义报教育行政主管部门。三是明确了核准备案分工，各市、县（市、区）教育局负责对民办中小学（含民办幼儿园）章程修订的审核把关，民办高校的章程由省教育厅依法核准。如 2022 年福建省全面推进依法治教，完善现代大学制度，制定民办高校章程修订规程和民办高职院校决策机构备案办法等。③

三、加大内部治理监管，优化民办学校年检年审制度

民办学校内部治理需要外部监督，民办学校年检年审制度就是一项教育主管部门

---

① 独立学院及民办普通高等学校信息公示，北京市教育委员会，2022 年 4 月 12 日，https：//jw.beijing.gov.cn/xxgk/mbjyzl/mbgxjgxxgs/dlxyjmbptgdxx/index.html。

② 教育部办公厅：《转发〈教育部办公厅关于深入贯彻落实党的教育方针 进一步做好党的建设有关内容写入民办学校章程工作的通知〉的通知》，岳阳市教育体育局网，2021 年 12 月 1 日，http：//www.yueyang.gov.cn/jytyj/22483/22517/content_1946002.html。

③ 教育部：福建省全面推进依法治教 保障教育高质量发展——2022 年全国教育工作会议经验交流之八，中华人民共和国教育部，2022 年 3 月 11 日，http：//www.moe.gov.cn/jyb_sjzl/s3165/202203/t20220311_606314.html。

进行常规化监管的重要措施。教育部办公厅制定了《民办高等学校年度检查指标体系（试行）》[①]，指标体系包含党建与思想政治工作情况、办学条件、法人治理、办学行为、财务管理、师生权益保障 6 个一级指标及 26 个二级指标、79 个观测点，22 个建议一般关注情形、18 个建议重点关注情形，基本涵盖了学校内部治理的各个方面，在一般及重点关注情形中列举了民办高校易发的违规办学行为及风险点。2023 年 7 月，根据民办中小学特点，教育部办公厅又制订了《民办中小学年度检查指标体系（试行）》[②]，包含党的建设、办学条件、依法治校、财务资产管理、办学行为、师生权益 6 个一级指标及 30 个二级指标、81 个观测点，50 个建议一般关注情形、63 个建议重点关注情形。这两个指标体系基本涵盖了民办学校内部治理的各项内容，在一般及重点关注情形中列举了民办学校易发的违规办学行为及风险点。

为贯彻落实教育部办公厅关于民办学校年度检查的要求，各省份根据本地区实际进行了具体实施。如安徽省制订《民办中小学年度检查指标体系（试行）》，在教育部要求的基础上，增加了上年度年检整改情况第七个一级指标，加强"回头看"。浙江省教育厅印发了《关于加强民办学校办学许可证年度检查工作的通知》，明确每年1～3 月为年检时间，省教育厅建立民办学校办学许可证年检工作小组，工作小组由计财处、法规处、人事处、高教处、基教处等相关处室负责人组成，年检日常工作由省教育厅计财处负责。对年检通过的民办学校在办学许可证上加盖年检合格章，并向社会公布。对年检未通过的民办学校，将按规定责令限期整改；整改未通过的加盖年检不合格章，并视情况按规定给予削减次年招生计划或停止次年招生资格直至吊销《民办学校办学许可证》等处罚。2022 年浙江省教育厅办公室印发《关于加强民办学校办学许可证年度检查的补充通知》，优化民办高校年检材料递交方式，各民办高校年检材料按照个人账号登录浙江教育政务服务网，在线上完成并网络公示。[③]

民办学校关联交易及财务管理、教育收费是民办学校内部治理监管的重点。新法新政加强了对关联交易的合规治理，从主体范围来看，不管是营利性民办学校还是非营利性民办学校，只要遵守公开、公平、公允的原则都允许进行关联交易。从信息披露来看，新《民促法》要求民办学校建立关联交易的信息披露制度，同时有关政府部门应当加强对关联交易协议的监管，并进行年度审查。从关联方来看，新《民促法》明确列举了民办高校的关联方，具体包括举办者、实际控制人、校长、理事、

---

① 教育部办公厅：《教育部办公厅关于印发〈民办高等学校年度检查指标体系（试行）〉的通知》，贵州城市职业学院网，2021 年 4 月 14 日，http：//www.gzcsxy.cn/article.jsp？id＝8186&itemId＝36。

② 教育部办公厅：《民办中小学年度检查指标体系（试行），乌拉特前旗人民政府，2023 年 7 月 24 日，http：//wltqq.gov.cn/zfxxgk/fdzdgknrwltqq/zdlyxxwltqq/ywjywltqq/202307/P020230724324708468373.pdf。

③ 《浙江省教育厅关于 2022 年度厅本级民办学校（机构）办学许可证检查初审情况的公示》浙江省教育厅，2023 年 5 月 24 日，http：//jyt.zj.gov.cn/art/2023/5/24/art_1229266336_5116042.html。

董事、监事、财务负责人等。上海市教委 2021 年出台《关于进一步做好民办高等学校财务管理工作的通知》，明确提出学校预算、决算、对外投资、重大资产处置、担保融资、对外举债、关联交易、结余处置等重大财务事项由校长组织提出，经党组织研究后提交决策机构，经 2/3 以上决策机构组成人员同意方可通过。安徽省教育厅等六部门印发的《关于加强民办教育监督管理规范民办学校办学行为的若干意见（试行）》将收费项目、收费标准、收（退）费办法、奖助（减免）政策、监督举报电话等通过公示栏、公示墙、校园网等方式向学生、家长及社会公示，同时须在招生简章和录取通知书中注明。①

四、推动师生参与内部治理，促进家、校、社协同

促进教职工和学生在学校治理中的积极参与，可以增强学校治理的民主性和公正性，提高治理决策的科学性和合理性。很长一段时间里，由于立法空白、教师主动性不足等因素限制，民办学校教师较少参与学校内部治理。新《实施条例》充分凸显了民办学校教师的主体地位。一方面，作为成员代表进入董事会参与决策，第二十六条规定，决策机构应当由教职工代表等共同组成；另一方面，作为成员代表进入监督机构参与监督，第二十七条指出，监督机构应当有党的基层组织代表，且教职工代表不少于1/3。近年来，许多民办学校健全了工会组织并建立教师代表大会制度，定期组织教师进行民主评议活动，参与学校的重要决策和管理事务。随着法律同等地位的落实，民办学校教师维权意识也得到增强。

学生的学费是民办学校主要的经费来源之一，学生是民办学校服务的主要对象和受益者。近年来，民办学校坚持以生为本，从将学生视为"被教育者"拓展到发挥学生的主动性、积极性参与基层治理。大多数民办学校尤其是民办高校建立健全了学生代表大会等组织形式，建立学生投诉处理机制，鼓励和支持学生自主组织和管理各类社团、组织，开展各种形式的学生自治活动，将学生的满意度和学习成果作为衡量学校教育质量的重要指标之一，定期组织学生对学校管理和服务进行评价。如浙江省教育厅已坚持多年将高校毕业生对母校的满意度，作为省高校毕业生职业发展状况及人才培养质量跟踪调查的重要评价指标，实行公民办高校同步开展跟踪调查及进行结果排名公布。

家长和社区参与是影响民办学校实施有效治理的主要因素之一，这种参与性的合

---

① 安徽省教育厅：《〈关于加强民办教育监督管理规范民办学校办学行为的若干意见（试行）〉政策解读》，安徽省教育厅网，2023 年 4 月 12 日，http：//jyt. ah. gov. cn/ztzl/jywqfwpt/zcts/zcjd/40642831. html。

作关系在民办学校的运营和发展中具有重要作用。2023 年 1 月，教育部等十三部门联合印发了《关于健全学校家庭社会协同育人机制的意见》，"全国教育系统先进集体"深圳宝安区翻身实验学校，积极开展家长会、家长陪餐和家长委员会常务委员会等活动，家校一路偕行齐心共育。[1] 许多民办学校建立了家长委员会或家长代表大会，学校定期举办家长会、家长培训、家庭访问等活动[2]，一些民办学校设立了家长服务中心，为家长提供咨询、培训、服务等支持，如上海某学校致力于为家长提供精细的服务[3]。学校积极引入社区资源参与其建设和发展，通过开展社区开放日、文艺演出、义务劳动等活动，增强与社区的互动和联系。同时，学校与社区教育机构和产业企业建立合作机制，共同开展教育教学活动。此外，家长和社区参与民办学校的管理和治理，增强学校的社会责任感和公信力。

五、探索第三方评价制度，试行信用等级评价及院校认证

通过引入独立的评价机构或专业机构，对学校的管理和教育质量进行客观、公正的评估，可以有效地提升学校内部治理的透明度、公平性和效能性。为贯彻落实新《民促法》《实施条例》对于"定期组织或者委托第三方机构对民办学校的办学水平和教育质量进行评估"的要求，全国多地教育行政部门及民办教育协会组织开展对民办中小学的信用等级量化评价制度探索。如昆明市民办教育协会从 2021 年开始对民办中小学进行信用等级评价活动，建构了以依法办学、诚信办学、教育质量、办学特色 4 个系统组成的一级指标体系，以办学资质、办学条件、资产资金等多个项目组成的二级指标体系，构成了昆明市民办学校信用评价指导体系，级别由最低的"零"星级至最高的五星级，2023 年 14 所学校（幼儿园）、培训机构信用等级被评为五星。[4] 北京市朝阳区民办教育协会也依据《北京市朝阳区民办学校信用评价管理办法（试行）》，公布了 2023 年民办学校信用评价等级评定结果。[5]

---

① 《家校一路偕行，齐心共育花开》，翻身实验学校，2022 年 11 月 26 日，https：//mp. weixin. qq. com/s?__biz = MzA4ODUzNjMwNg = = &mid = 2651286762&idx = 1&sn = a6d37d40fd7e081ea7ea1684ecea8b8d&chksm = 8bdb6977bcace061ed1e3be7ec19fcdaa6daada3fca5d945ea7d8167e81772f42c9e93008a88&scene = 27。

② 盛华碧桂园中英文学校：《私立学校家委会是怎么组成的？保定盛华碧桂园中英文学校第三届家委会成立》，搜狐网，2019 年 10 月 10 日，https：//www. sohu. com/a/345945914_120326606。

③ 京领新国际：《上海民办常青藤学校校长团队专访：用双轨双通道体系，为家长和学生提供多样化选择》，网易网，2022 年 6 月 16 日，https：//www. 163. com/dy/article/HA0MNN7A0518WF2F. html。

④ 昆明日报：《昆明 14 家民办学校和培训机构信用等级获评五星》，昆明市人民政府，2023 年 4 月 25 日，https：//www. km. gov. cn/c/2023 - 04 - 25/4725618. shtml。

⑤ 《2023 年北京市朝阳区民办学校信用评价等级评定结果》，北京市朝阳区民办教育协会，2024 年 1 月 5 日，http：//chymjx. bjchyedu. cn/xhzx/gsgg/202401/t20240105_90448. html。

中国民办教育协会教育评鉴中心自 2016 年成立以来，与"上海市民办教育评鉴中心"实行一套班子两块牌子的工作机制，为全国各级各类民办教育机构提供质量评估、评鉴、相关咨询和培训服务，研发适合于民办本科高校、民办高职院校及民办非学历教育机构的《认证标准》《认证自评指南》《认证操作手册》等体系文件，积极开展第三方独立评鉴。温州市自 2019 年开始至今每年开展民办学校办学水平星级评定，星级评估认定主要包括办学方向、条件保障、学校管理、队伍建设、教育质量等内容，根据不同层次民办学校特点，分门别类地制订了温州市民办普通高中学校、民办中等职业学校、民办义务教育学校、民办幼儿园办学（办园）水平星级评定的四套标准①，2022 年公布了温州市教育局直属民办学校办学水平星级评定情况。②

作为教育行政部门及第三方行业机构对民办学校进行信用等级评选和办学水平评鉴，建立健全民办教育信用体系建设和办学水平认证标准，有利于引导规范民办学校办学行为、推动民办学校提升办学质量，从而助推整个民办教育行业的健康发展。

第二节　提升民办学校内部治理能力的主要成效

在法律法规的支撑下，我国民办学校的内部治理法治化建设取得了重要进展，为治理优化提供了明确的法律依据和规范化的制度保障。通过组织结构的优化、决策机制的完善、信息透明化以及利益相关者参与治理的推进，民办学校内部治理运行机制变得更为有序顺畅，有效提高了学校管理效率、加强了内部协作，为稳健发展和教育质量的提升提供了有力支撑。这一系列的内部治理优化措施，不仅展现了民办学校在适应教育改革和社会发展需求中的积极努力，也为其他教育机构提供了宝贵的经验和参考。

一、优化治理推动高质量发展达成共识

经过四十余年的发展，我国民办教育已经由规模扩张为主的粗放式发展方式转变为以质量提升为主的内涵式发展方式。2023 年我国总人口比上年减少 208 万人，连续两年负增长且减量扩大。面对人民群众对优质教育的需求和人口不断下降的趋势，

---

① 温州市人民政府教育督导室、温州市教育局：《关于印发温州市民办学校办学水平星级评定标准（修订稿）的通知》，温州教育网，2020 年 9 月 10 日，http：//edu. wenzhou. gov. cn/art/2020/9/10/art _1324607 _59015622. html。

② 温州市教育局：《温州市教育局直属民办学校办学水平星级评定情况》，温州教育网，2022 年 11 月 18 日，http：//edu. wenzhou. gov. cn/art/2022/11/18/art_1228993550_59024764. html。

民办学校举办者和办学者认识到只有优化内部治理、推动内涵式高质量发展才能立足。首先，优化内部治理是促进学校持续发展的保障，良好的内部治理能够有效地协调学校内部各方利益关系，促进学校内部的团结和稳定，形成共同发展的合力。同时，内部治理的优化也可以提高学校的管理效率和运行效益，确保学校长期稳定地向前发展。继全国5所民办高校首次拥有硕士学位授予权后，2021年又有2所民办高校（宁夏理工学院和三亚学院）获批硕士学位授予单位，7所获硕士学位授予权的民办高校均有良好的内部治理作为学校发展的保障。[①]

其次，内部治理的优化也是提升学校社会声誉和竞争力的重要手段。民办学校的社会声誉和竞争力直接关系到学校的生存与发展，而良好的内部治理能够提高学校的管理水平和服务质量，增强学校的吸引力和影响力，提升学校的社会声誉和竞争力，有利于学校吸引更多的优质资源和人才，为学校的长远发展打下坚实的基础。如浙江某商学院2022年已连续四年位列武书连中国民办大学排行榜"中国一流民办大学""择校顺序"双第一；在学信网开展的浙江省高校学生满意度测评中，该校在全省107所高校中名列前茅，并在民办本科高校中排名第一。[②]

内部治理的优化是保障教育质量的关键。民办学校作为教育机构，其教育质量直接关系到学生的学习效果和综合素质的提升，而良好的内部治理能力可以有效地协调学校各方资源，优化资源配置，提高教学管理效率，为学校提供良好的教育环境和教学条件，从而保障教育质量的提升。此外，内部治理的优化还有助于提升学校的应对能力和适应能力。教育环境和社会需求的变化使得学校面临多样化和复杂化的挑战和问题，而良好的内部治理能够使学校更加灵活、机动地应对各种挑战和问题，提高学校的适应能力和应对能力，维持学校的持续稳定发展。

二、内部治理结构进一步健全规范

随着《中华人民共和国民办教育促进法》等相关法律法规的出台和修订，我国民办学校内部治理结构的法治化建设取得了重要进展。这些法律法规明确了民办学校的法人地位、治理组织形式、权责义务等方面的规定，为民办学校内部治理提供了明确的法律依据和规范化的制度保障。在这些政策的引导下，我国民办学校内部治理结构得到了进一步健全和规范。

---

① 《这7所民办高校拥有硕士学位授予权，实力不输公办大学》，搜狐网，2023年7月25日，https：//learning. sohu. com/a/706078478_121124034。

② 《学校简介——温州商学院》，温州商学院，2021年9月12日，https：//www. wzbc. edu. cn/Col/Col8/Index. aspx。

一是加强了民办学校决策机构的规范化建设。民办学校内部治理形式从创办初期的校长负责制、校务委员会领导下的校长负责制、教职工代表大会基础上的校长负责制、主办企业领导下的校长负责制等多样化的决策机构，已基本统一到了董（理）事会领导下的校（院）长负责制。董事会、理事会成为民办学校最高决策机构，民办学校明确了理事会的设置、职权、组成和运行机制等方面的规定，使民办学校的最高决策机构走上了规范化的道路。例如，吉林某高校理事会吸纳政府与企事业单位的有关领导和杰出校友等人士，参与学校重大事项的决策咨询。[①]

二是重视章程修订。民办学校通过定期评估、广泛征求意见、专业法律顾问参与、透明公开的程序以及审议与通过等方式，确保章程修订的合理性、合法性和有效性，为学校的良好运行和健康发展提供了坚实的制度保障。

三是党组织的地位和作用进一步强化。党的领导是保证学校正确发展方向、健康发展的根本保证。近年来，我国民办学校党建工作得到了加强和推进，明确了党组织在学校内部治理中的重要地位和作用。如某高校按照"双向进入"和"交叉任职"的要求解决党政班子的团结协作问题，同时加强学校各级党组织建设，做到机构、人员、场地、经费"四到位"，把党建工作的政治和组织优势内化为学校发展的内生动力。[②]

四是民办学校加强了内部监督。为了确保治理结构的规范运行，民办学校普遍建立了监事会以及纪委、监察处，建立了健全的内部监督机制，加强对学校各项工作的监督和检查。注重加强对学校各级管理人员的考核和评价，强化了管理责任和监督约束。

三、内部治理运行机制更为有序顺畅

民办学校内部治理运行机制的有序顺畅对于学校的稳健发展至关重要。近年来，民办学校在内部治理运行机制方面进行了诸多探索与改进，取得了较为明显的成效。一是通过优化组织结构，设立了科学合理的管理层级，明确了各级管理机构的职责和权限，形成了分工明确、协作顺畅的管理体系。例如，西安某高校推进以授权为核心的校院两级管理体制改革，将人事、财务、教学管理等权力在学校和二级学院之间重新分配，同时要求行政职能部门加强对二级学院的支持和服务，实行管理重心下移。[③]

---

①②　金成、杨红卫、王一涛：《百舸争流——中国民办高校创新发展案例研究》，华中师范大学出版社2022年版。

③　侯琮、王一涛：《复合基础观视角下高水平民办高校成长机理研究——基于欧亚学院的案例分析》，载于《教育发展研究》2022年第7期。

这样的组织结构有利于提高学校管理效率，确保内部治理运行机制的有序性。二是加强制度建设，规范日常运行，如浙江某学校管理制度健全，校级行政管理制度共260余项，涉及教学、科研、学生管理、财务、后勤等方面，并探索建立校院二级党政联席会议议事制度，涉及校内"三重一大"决策事项均须提前经校院二级党政联席会议讨论通过，确保决策的民主性和科学性。三是注重信息的共享和流通，民办学校普遍搭建了学校内部信息共享的平台，包括内部通信系统、网络平台等，方便教职员工之间的信息交流和沟通。同时，学校还建立了定期沟通和交流的机制，如定期召开教职员工大会、部门会议等，加强了内部信息沟通和协作。这样的信息流动机制有助于提高学校内部管理的效率和协作性，确保了内部治理运行机制的有序顺畅。

民办学校通过优化组织结构、决策机制、信息流动和沟通渠道等方面的措施，使内部治理运行机制更为有序顺畅。这些举措有助于提高学校管理效率、加强内部协作，推动学校的稳健发展和提升教育质量。

四、利益相关者参与治理稳步推进

近年来，民办学校逐步推进利益相关者参与治理的进程，这一过程中包含了多方的共同努力和持续探索。民办学校通过建立健全组织架构和管理机制，为利益相关者参与治理创造了良好条件。学校成立了学校管理委员会、教职工代表大会、家长委员会等组织机构，明确了各方的职责和权限，为利益相关者参与治理提供了平台和机会。

民办学校建立了多种形式的参与机制。学校定期召开学校工作会议、教职工代表大会、家长会等活动，邀请各方代表参与学校的决策制定和事务管理，充分发挥各方作用。同时，学校还建立了意见反馈和建议收集机制，鼓励师生家长提出意见和建议，促进了学校治理的民主化和透明化。

民办学校加强了与各利益相关者之间的沟通交流，增进了彼此之间的了解和信任。学校建立了定期沟通的机制，开展了多种形式的交流活动，如座谈会、研讨会、家长开放日等，加强了师生家长之间的沟通和交流，增进了合作共赢的意识和积极性。

民办学校倡导合作共赢的理念，积极与各利益相关者开展合作，共同推动学校的发展和进步。学校与学生家长、社会企业等建立了合作关系，开展了多种形式的合作项目，共同探索治理创新和教育改革的路径，实现了利益相关者的共同发展和共赢。

第三节　提升民办学校内部治理能力的问题堵点

　　尽管我国对民办学校的政策和法规框架持续完善，民办学校自身也进行了积极的实践和探索，但民办学校在内部治理实践中仍面临多重挑战。包括营非法人治理结构的模糊与冲突、内部治理内生动力的缺乏以及举办者过度控制，治理能力评价的主观性和隐性问题，内部授权体系的不完整性，以及风险控制和监督机制的不足。这些问题的存在不仅影响了学校的稳定发展，也威胁到教育质量和学校声誉，亟须通过法律法规的进一步完善、加强监管、提升透明度和合理化内部治理结构，以及构建有效的风险防控机制，促进民办学校治理体系的健康发展。

一、完善内部治理的内生动力不足

　　阿什比说：任何类型的大学都是环境和遗传的产物。举办者控制学校的决策权，作为我国民办学校内部治理的基本特征具有强大的历史惯性。如果外部环境不发生根本性的改变，这个特征就很难改变。[①]

　　民办学校经过了粗放增长期后，在政策法规的推动和要求下，举办者对优化内部治理也有了比较清晰的认识，但是总体还是"要我改"，离"我要改"的自身内发原动力还有一定的距离。在一些民办学校中，举办者通常具有投资和利益诉求，因此他们的行为往往受到经济利益的驱动。当内部的权力制衡关系影响到现有利益时，举办者往往会优先考虑维护自身的利益。现阶段采取政府委派督导专员身兼党组织负责人的制度设计，但这个制度在实践过程中还存在着主体地位不明确、职责职权不对等、配套机制不健全等问题，要充分发挥其对民办学校办学行为的调控、约束和限制作用仍需改进和完善。

　　现有民办学校董事会、理事会有类似企业董事会的形式，但是却无法依据企业的监督体系实现对董事会或理事会的监督。[②] 民办学校监事会独立性地位明显先天不足，举办者拥有对监事的选举权和更换权，少数的监事如何履行繁杂的监督事项又成为一项难题。[③] 在现实运行中监事会职责履行容易成为董事会的附属机构，难以有效制约或监督理事会或举办者的行为。

---

　　① 王一涛、石猛、王磊：《〈民办教育促进法修正案〉对我国民办高等教育基本格局的影响》，载于《浙江树人大学学报》（人文社会科学）2017 年第 2 期。

　　② 谢鹃：《非营利民办教企的理事会治理及制度完善探析》，载于《中国市场》2023 年第 12 期。

　　③ 陈峰、刘海云：《民办高校教育治理能力的提升对策》，载于《山西财经大学学报》2023 年第 S1 期。

二、内部治理能力难以客观评价

学校内部治理的评价受到信息不对称和不透明性的影响。由于学校内部信息通常掌握在学校决策者和负责人手中，外部观察者难以获取到全面准确的信息，导致评价结果可能存在偏差或不完全。当前我国并未完全建立官方的第三方评估机构，而非政府第三方评估机构的专业性和权威性又容易受到社会质疑。目前存在的评价指标体系更偏向于定性描述，而缺乏量化指标和数据支撑，无法全面准确地反映学校的内部治理情况，导致评价结果的客观性和准确性受到影响。

民办学校内部治理问题通常也具有一定的隐性和复杂性，校际之间有较大差异。一些治理问题可能存在于学校的管理体制、决策机制、财务管理、教学质量等方面，且并不容易被外部人员直接观察或测量到。新《民促法》及其《实施条例》虽然都明确要求建立民办学校信息公示和信用档案制度，但目前对民办学校信息公示并未有强制性规定，对于公示信息的真实性也没有审核和倒查机制。例如，虽然教育部门高度重视民办学校的章程建设，在全国范围内开展了章程的修订和备案机制，但是一些民办学校仍未在官方网站上公开学校章程以接受社会监督。

三、内部授权体系尚未完备

民办学校利益相关者群体居于不同的层级，其所具备的权力也存在明显差异，依序在举办者、董事会、校长（行政系统）、党组织、教师、学生等群体中层层递减、逐渐弱化。[①] 目前民办学校也都比较重视利益相关者参与内部治理，各核心利益相关者确实都有机会参与学校内部治理，学校建立了如教职工代表大会、学生代表大会、家长委员会等相应的组织和制度保障，但在实际操作中，各级各类的会议对所谓"民主决策"所起到的，主要还只是形式的作用。[②] 教师参与决策权力的不足以及学生主体性的缺失等都在一定程度上对民办高校内部治理造成影响。

一项关于教师和学生参与营利性民办高校治理的调查显示，85.4%的参与者表示教师代表参与治理主要集中在党建工作和思政工作议题。而对于学生代表参与学校治理的情况，71.4%的参与者认为在营利性民办高校中学生几乎没有机会参与。此外，调查显示，73.9%的教职工参与民主监督的程度较低，对学校教职工代表大会了解不

---

① 王邦永：《营利性民办高校法人治理研究》，华东师范大学 2022 年版。
② 吴琴：《上海非营利性民办高校内部治理研究》，东华大学 2022 年版。

深，学校对教师和学生参与活动的支持力度也普遍较低。① 如果治理主体没有能力履行治理职责，多元共治只能流于个体身份多元化的形式，并不能发挥共治善治的真正作用。

四、风险控制机制和监督机制作用发挥受限

民办学校发展面临着财务风险、生源风险、管理决策风险、教育质量风险等内部风险，同时也受到政策风险、就业风险、同行竞争风险等外部因素的影响。从当前民办学校内部治理的现实状况来看，民办学校在风险识别、控制、干预、处置等防控环节上普遍存在诸多问题。学校缺乏完善的风险管理机制或者管理人员对风险的认知不足，未能及时准确地识别潜在的风险因素，并缺乏科学有效的控制措施，导致风险无法及时得到干预和处置，进而影响学校的正常运行。

尽管各级部门加强了民办学校的年检年审制度、信息公开和财务收费管理等方面的监督，但这些措施离发挥真正有效的作用还有一定距离。尤其是民办中小学资产和财务管理一直是监管的难点。一些民办学校利用营利性和非营利性政策分野的模糊地带，进行了一些违规操作，主要表现在：一是法人财产权变得模糊不清。二是民办中小学财务监管乏力，导致在新《民促法》出台后仍有一部分民办义务教育学校举办者通过关联交易、VIE（协议控制结构）等方式获取办学收益。新《实施条例》出台后，这些行为被紧急叫停。

第四节　提升民办学校内部治理能力的改进思路

内部治理不仅涉及财产所有权、管理权和利益分配的法律关系，也关乎学校的可持续发展和教育质量的保障。为此，以下提出一系列改进思路和建议，旨在完善基于利益相关者的共同治理体系、优化内部治理的激励和监督机制、健全风险防控和财务管理制度以及利用数字化技术驱动内部治理体系和能力升级等措施，从而提升民办学校的内部治理能力。这些建议不仅针对现有的治理痛点和挑战，还考虑到了教育治理的未来趋势，旨在为民办学校的健康发展提供科学、合理和可持续的内部治理解决方案。通过这些措施的实施，我们旨在构建一个更加公平、透明、高效和参与度高的治理环境，从而促进民办学校在分类管理新时期实现高质量发展。

---

① 王邦永：《营利性民办高校法人治理研究》，华东师范大学 2022 年版。

一、完善基于利益相关者的共同治理体系

当更多的利益相关者参与内部治理，从历史唯物主义角度来看，尽管每个参与者可能存在盲目性和利己性，但多数人在不同方向上施加的力量所形成的综合效应，从长远来看，往往比个人的决策更加合理。治理被视为教育机构未来改革的关键路径，着重于采纳并实施"自主管理、学术自由、平等交流、共同协商、流程正当"等核心理念。此外，它涵盖了涉及学校发展的所有利益方，确保通过有效的协作沟通和广泛参与来达成各方之间的动态均衡。[1] 民办学校基于利益相关者的共同治理要进一步健全完善以董事会、理事会为核心的决策权利，以监事会为核心的监督权利，以校长为核心的执行权利，以党组织为核心的政治权利，以专家治学为核心的学术权利，以教育部门为核心的行政权利，以教代会、学生代表大会、家委会为核心的民主权利等。[2]

首先，需要保障董事会、理事会成员构成具有合理性。具体而言，应确保成员利益的多样性，成员的构成不仅要严格遵循新《民促法》的规定，还可以增设政府督导专员、社区代表、学生代表及家长代表，从而最大程度涵盖民办治理过程中所包含的所有利益群体。其次，党组织、监事会、教职工代表大会应具有一定的独立性，需要保障其机构内部成员应与理事会成员按照一定原则进行回避；保障校长执行权力的依法取得和自主行使；明确专业或学术委员会在内部治理事务中的角色、功能和地位，赋予各专业委员会在相关事务领域的决策权和话语权；要科学界定政府与学校的权力边界，"到位"而不"越位"。最后，要建立利益相关者共同治理机制、利益相关者沟通机制、信息公开披露制度、利益相关者参与内部治理指导机制、利益相关者权利救济机制，如申诉制度、复议制度、听证制度和信访制度等，建立利益相关者问责机制等推动多主体共同"善治"目标的实现。

二、优化内部治理的激励和监督机制

鼓励民办学校优化内部治理。一是外部激励，各级政府可以选树民办学校内部治理优秀典型，通过多种渠道，如官方网站、媒体报道、会议论坛等，对优秀典型进行宣传推广，帮助其他民办学校学习和复制其成功经验；或为民办学校提供内部治理方

---

[1] 李永亮：《高等学校内部治理结构优化研究》，经济管理出版社 2017 年版。
[2] 王佳丽、张宇恒：《规范与自主：民办高职院校监管政策制定的理论审思》，载于《成人教育》2023 年第 2 期。

面的培训和教育服务。这些培训可以涵盖内部治理的理论知识、实践经验以及案例分析，帮助学校更好地理解和应用内部治理的原则和方法。二是内部激励，民办学校要鼓励师生积极参与内部治理，民主管理需要师生群众的参与，与任何技能一样，民主也不是与生俱来的能力，师生也需要通过训练才能熟练行使民主权利。学校可以组织师生参加各类培训和交流活动，提升师生的管理和领导能力，建立师生参与内部治理的激励机制，对积极参与学校管理的师生进行奖励和表彰，激发师生的积极性和创造性。

优化针对民办学校的内外部监督机制。一是强化政府监管，政府监管不只意味着政府对民办学校进行警告、强制和惩罚，更多是需要政府强化公共服务职能，重视行政指导、行政奖励、行政给付等手段，支持民办学校建设。应通过立法、政策引导等途径规范第三方评估机构，使评估更加规范、科学、严谨，也更具公信力，能够为民办高校识别自身教育治理能力不足提供翔实、可信的依据。加强社会对民办高校的监督，通过年检制度对民办高校进行监督审查，包括财务监督、风险保证金制度等。同时，建立健全民办教育信息中心，对民办高校相关信息进行公示和联网，使其治理情况、办学信息通过强制公开披露的形式接受大众监督。二是强化内部监督，设立独立的监督机构或委员会，确保成员具有独立性和专业性，强化内部审计，对学校的财务、行政管理、教学管理等方面进行全面审查和评估，审计结果应及时向学校领导和监督机构报告，以便及时发现和解决存在的问题。建立投诉举报机制，为教职员工、学生家长和社会公众提供便捷的举报渠道，建立举报受理、调查处理和反馈回复等程序，及时处理投诉和举报事件。

三、健全风险防控和财务管理制度

随着教育行业监管的加强，建立健全的风险防控和财务管理制度已成为民办学校应对政府监管、满足法律法规要求的必要条件，有助于学校在日益严格的监管环境中稳健发展风险防控制度。

健全风险防控制度。民办学校设立专门的风险管理委员会，负责识别、评估和监控学校运营中可能遇到的各类风险，包括财务风险、法律风险、市场风险等；根据风险评估的结果，制定详细的风险管理计划和应对策略，包括风险预防措施、风险缓解措施和紧急应对方案；建立定期的风险监测和评估机制，及时发现新的风险点和风险变化，同时设立风险报告制度，确保相关信息能够及时传达给决策层。

建立健全的财务管理规章制度。民办学校要制定详细的财务管理规章制度，包括财务报告、预算管理、资产管理、费用控制等方面的规定，确保财务活动的规范性和透明度；制定科学合理的年度预算，明确各项收支计划，定期对实际财务状况与预算进行对比分析，及时调整预算和管理措施；建立独立的内部审计机制，定期对学校的财务活动和管理流程进行审计，发现问题并提出改进建议，防止财务舞弊和管理失误；实行财务信息公开，对外公开财务报告和重要财务信息，接受社会监督，增加学校财务管理的透明度；通过财务分析工具和指标，建立财务风险预警系统，及时发现财务状况的异常变化，采取预防或纠正措施。

四、以数字化驱动内部治理体系和治理能力升级

2022年，联合国教育变革峰会提出，要利用数字革命为公共教育造福，数字技术能够推动优质教育资源共享，支撑科学决策，并在师生综合评价、教育资源分配、教育质量评估、绿色校园建设等方面发挥着重要作用，为教育治理赋能增效。

教育治理发展中的数字技术应用引发人本思维、组织管理和教育场景的变革与创新。数字治理的发展是多元主体共同管理教育公共事务、走向成熟的动态过程，它通过促进数据化、移动化支撑的敏捷协作，最终服务于高效、公平、自由且有序的教育治理新格局。民办学校需要适应新时代发展要求，建立数字化管理平台，实现财务管理、人力资源、物资采购、项目管理等业务的数字化管理，开发或采购内部治理信息系统，实现对治理活动的监控、分析和报告的自动化，支持决策制定。建立数字化决策支持系统，利用大数据分析和人工智能技术，对内外部数据进行分析，为学校决策机构提供科学的决策支持。利用数字工具进行自动化财务处理，进行预算管理和内部审计，实现预算执行的实时监控和审计工作的高效执行。搭建数字化信息沟通和协作平台，促进内部沟通和协作；建立在线监管和报告系统，确保所有利益相关者能够实时访问相关治理信息和报告；实施电子档案管理系统，确保治理相关文件的安全、完整和可追溯，增强治理透明度。通过这些策略的实施，民办学校不仅能够提升内部治理的效率和效果，还能增强对外部变化的适应能力，从而在数字化时代保持竞争力。

第七章 加强民办学校教师队伍建设

"强教必先强师"，教师作为教育活动的关键执行者，其稳定性和专业性对民办学校能否实现可持续高质量发展至关重要。[①] 加强民办学校教师队伍建设是新时代民办教育改革发展的重要内容。近年来，我国中央和地方各级政府部门采取了一系列重要举措，民办学校教师队伍建设成效显著。当前，加强民办学校教师队伍建设在我国民办教育发展中发挥着举足轻重的地位。为加强民办学校教师队伍建设，基于国家对教师队伍建设的各项政策扶持以及民办学校教师队伍的特色政策，本章梳理了中央和地方层面加强民办学校教师队伍建设的基本做法，包括师德师风建设持续发力、教师专业能力提升显著、教师培养体系逐步健全、教师考核制度日益完善，但同时发现民办教师道德情操有待提升、教师队伍各类结构仍需优化、教师专业发展空间亟须扩大、教师评价促进发展效果仍需强化。新时期，加强民办学校教师队伍建设亟须进一步加强师德师风建设、优化教师队伍结构、夯实教师专业发展和强化教师发展性评价。

第一节 加强民办学校教师队伍建设的基本做法

习近平总书记强调要大力培养一支师德高尚、业务精湛、结构合理、充满活力的高素质专业化教师队伍。[②] 民办学校教师队伍建设是民办学校提升人才培养质量的重要途径，是影响民办学校高质量发展的关键因素之一。民办学校与公办学校具有同等法律地位、民办学校教师与公办学校教师具有同等法律地位，是《中华人民共和国民办教育促进法》（以下简称《民办教育促进法》）确立的重要原则。中央层面和地方层面关于教师队伍建设的政策举措直接关涉包括民办教师队伍在内的整个教师队伍

[①] 陈淼：《民办高校健康发展的策略研究》，载于《教育探索》2016年第4期。

[②] 谢辉：《加强教师队伍建设，筑牢教育强国根基》，人民网，2023年6月13日，http://edu.people.com.cn/n1/2023/0613/c1006-40012207.html。

的素质与水平，是民办教师队伍建设的基础和保障。近年来，中央和地方政府陆续出台的一些促进民办学校教师队伍建设的相关政策文件，保障了民办学校教师在可持续发展道路上不断前行，对于推动民办学校教师队伍发展发挥了重要作用。

值得注意的是，地方层面民办学校教师队伍建设的政策措施，主要包括出台落实中央相关政策的地方执行性政策，以及根据各地实际情况制定的地方创新性政策，助推民办学校教师队伍建设。从历史和实践看，地方层面的政策举措往往具有极大的灵活性和独特性，是民办学校教师队伍建设的重要支撑，也对中央层面政策的制定具有"自下而上"的诱导作用。各地方省市针对加强民办学校教师队伍建设的具体政策虽然不多，但已公开的政策中仍反映出依法保障民办学校教师发展各项权益的趋势。为加快保障和落实民办学校教师在业务培训、职务聘任、教龄和工龄计算、表彰奖励、科研立项等方面与公办学校教师的同等权利，各地正逐渐正视并尝试建立稳定的教师保障机制。①

一、教育家精神的根本引领

教育家精神引领民办学校教师队伍建设发展方向。"国将兴，必贵师而重傅。"教师是立教之本、兴教之源，承担着崇高的历史使命，肩负着光荣的时代重任。② 党的二十大报告强调，引导规范民办教育发展。深入贯彻落实党的二十大精神，新时期中国民办教育的宏观政策着力点重点在强化公益属性、调控发展规模、规范办学行为和提升教育质量四个方面。③ 2022 年 12 月，中共中央、国务院发布的《扩大内需战略规划纲要（2022～2035 年)》提出"鼓励社会力量提供多样化教育服务，支持和规范民办教育发展"，强调了在我国教育体系整体高质量发展和教育强国建设背景下，民办教育顺应和融入国家发展大局，聚焦"提供多样化教育服务"的高质量发展重点，以及与公办学校形成差异化的竞争格局，既发展和巩固自身优势，也主动承担应有社会责任的重任。④

2023 年 9 月，习近平总书记在致全国优秀教师代表的信中指出："教师群体中涌现出一批教育家和优秀教师，他们具有心有大我、至诚报国的理想信念，言为士则、

---

① 张中华、姚嘉玉：《"十四五"时期我国省域民办高等教育发展政策分析与优化》，载于《江苏高教》2024 年第 1 期。

② 赵玄、于维涛、刘禹希等：《论中国特有的教育家精神：核心要义、理论逻辑与实践要求》，载于《当代教育论坛》2024 年 5 月 7 日。

③ 董圣足、李虔：《新形势下民办义务教育转型路径探讨》，载于《教育发展研究》2023 年第 Z2 期。

④ 秦惠民、杨程：《以制度优化创新引导规范民办高等教育高质量发展——纪念〈民办教育促进法〉施行20 周年》，载于《高等教育研究》2023 年第 3 期。

行为世范的道德情操，启智润心、因材施教的育人智慧，勤学笃行、求是创新的躬耕态度，乐教爱生、甘于奉献的仁爱之心，胸怀天下、以文化人的弘道追求，展现了中国特有的教育家精神。"① 习近平总书记首次提出并阐释了中国特有的教育家精神是加强教师队伍建设、提升教师精神状态的升华，进一步科学回答了新时代推进教师队伍建设的时代命题。

人类教育发展的历史表明，教师是教育发展的核心要素，教育家精神则是教师品质的集中体现。教育家精神是"教育家在从事教育事业过程中体现出来的对教育的态度情感、价值取向和职业操守，决定了教育家对教育的看法和行为取向"。② 毋庸置疑，中国特有的教育家精神深刻揭示了中国特色社会主义教育的使命，集中体现了人民教育家和优秀教师群体的精神特质和师者风范，为广大民办学校教师躬耕教坛、铸魂育人提供了精神航标和行动指南，为新时代民办学校教师队伍建设提供了理论指导与实践遵循。教育家是广大民办学校教师终身学习的典范，构建中国特有的教育家精神，对新时代民办教育质量提升具有理论与实践的双重价值。教育家精神是对教师队伍中优秀教师代表品质的高度凝练，为民办学校教师队伍建设发展树立了目标，为我国建立一支师德高尚、业务精湛、结构合理、充满活力的民办学校教师队伍指明了发展方向。

在中央关于学习贯彻教育家精神的工作部署下，各地方政府和各级各类学校，提高政治站位，聚焦"使教育家精神成为广大教育工作者特别是一线教师的价值引领和行为准则"的要求，进一步制定或修订师德师风制度，积极开展教育家精神学习贯彻的相关活动。例如，2023 年 9 月，中共安徽省委教育工委、安徽省教育厅《关于印发〈安徽省高校教师师德考核办法（试行）〉的通知》，明确高校教师师德考核内容与组织实施、考核结果运用、考核监督机制等内容，对民办高校教师队伍师德师风建设具有推动作用。

二、教师法律制度基础支撑

《中华人民共和国教师法》（以下简称《教师法》）修改筑牢民办学校教师队伍建设制度根基。《教师法》既是我国较早颁行的教育法律之一，也是唯一一部以教师职业群体作为调整对象的教育法律。《教师法》自 1994 年实施以来，对提升教师地位、加强教师队伍建设、保障教师合法权益、推动我国教育高质量发展发挥了举足轻重的作用。但是，随着我国经济社会快速发展，教师法的诸多规定已难以适应当前教育高

---

① 新华社：《习近平致全国优秀教师代表的信》，中国政府网，2023 年 9 月 9 日，https://www.gov.cn/yaowen/liebiao/202309/content_6903084.htm。

② 王翠、刘娣：《教育家精神与教师精神长相的塑造》，载于《教育评论》2016 年第 7 期。

质量发展和深化教师队伍建设的实际与要求。如《教师法》规定了教师的权利与义务，确立了教师的法律地位。但是对于民办学校的教师，仅在第三十二条规定了"社会力量所办学校的教师的待遇，由举办者自行确定并予以保障"，同时，对公办学校和民办学校的教师区别对待。对此，2003 年颁布实施的《民办教育促进法》对该现象进行了修正，其中第五条、第二十七条、第三十一条均规定了民办学校教师与公办学校教职工享有同等地位和同等权利，并在《民办教育促进法》随后的修订中得到贯彻。2018 年 1 月，中共中央、国务院印发了《关于全面深化新时代教师队伍建设改革的意见》，这是中华人民共和国成立以来首次以中共中央的名义颁布加强教师队伍建设的意见，战略性地部署了如何加强新时代教师队伍建设工作。2018 年 9 月，十三届全国人大常委会将《教师法》的修订作为二类项目列入立法规划。[1] 2021 年 11 月，教育部发布关于《中华人民共和国教师法（修订草案）（征求意见稿)》公开征求意见的公告。[2] 2022 年 5 月，全国人大常委会 2022 年度立法工作计划将《教师法》的修改作为预备审议的项目，[3] 随后，《教师法》修订工作正持续推进。正在进行的《教师法》修订草案适应时代变化发展，对教师的各项权利义务进行细化规定，结合《民办教育促进法》中关于民办学校教师的同等地位、同等权利的相关规定，必将进一步筑牢民办学校教师队伍建设制度根基，推动民办学校教师队伍高质量发展。

职业教育法法律法规修改奠定职教教师队伍建设重要基础。2022 年 5 月国家颁布实施的《中华人民共和国职业教育法》的"第五章职业教育的教师与受教育者"第四十四至四十八条明确提出加强"双师型"教师建设，规定国家建立职业教育教师培养培训体系，建立适合职业教育特点的教师岗位设置、职务评聘制度，创新方式聘请技能大师、能工巧匠、非物质文化遗产代表性传承人等担任专兼职教师；第五十六条还明确要发挥失业保险基金作用，支持职工提升职业技能。这次修订提出了全面提升"双师型"教师素养的要求，充分体现了我国职业教育教师制度建设直面问题的现实性与时代性，为建设高质量职业教育"双师型"教师队伍夯实了法治基础。[4] 2023 年 8 月，教育部等四部门印发了新修订的《职业学校兼职教师管理办法》在原文件六章二十三条的基础上扩展为九章三十四条，是企事业单位人员在职业学校兼职任教的指导性文件，对职业学校兼职教师队伍建设提出了新的更高要求。

民办教育促进法地方实施办法的修订成为民办学校教师的重要保障。在《民办

---

① 《十三届全国人大常委会立法规划（共 116 件)》，载于《中国人大》2018 年第 18 期。

② 教育部：《中华人民共和国教师法（修订草案）（征求意见稿)》，中华人民共和国教育部，2022 年 4 月 20 日，http：//www. moe. gov. cn/jyb_xwfb/s248/202111/t20211129_583188. html。

③ 丁显阳：《全国人大常委会 2022 年度立法工作计划》，中国人大网，2022 年 5 月 13 日，http：//www. npc. gov. cn/npc/c30834/202205/40310d18f30042d98e004c7a1916c16f. shtml。

④ 张敏：《职业教育教师资格制度变革的理论解释与现实难题》，载于《复旦教育论坛》2023 年第 5 期。

教育促进法》及其实施条例修订之后，加快推进全国范围内各地方实施办法的修订是落实新法新政的重要举措，也是各地推动民办学校队伍教师建设的关键途径。2022年11月，北京市人大常委会教科文卫办公室组织召开了立法线上座谈会，开展《北京市实施〈中华人民共和国民办教育促进法〉办法》修订的调研论证工作。2023年5月，北京市人民政府办公厅关于印发《市政府2023年立法工作计划》的通知明确提出，北京市政府2023年立法工作计划共安排立法项目34项，"二、适时提出项目（15项）"其中之一便是实施《中华人民共和国民办教育促进法》办法（修订）。2024年4月，实施《中华人民共和国民办教育促进法》办法（修订）已经作为"一、审议项目（10）"之一。此次修订将重点围绕细化民办教育"一法一条例"相关规定、修法体现鲜明的北京特色、依法依规落实相关税收优惠政策、保障师生合法权益等进行。其中，落实"一法一条例"中保障师生合法权益相关规定，是北京市民办学校教师队伍建设的重要基石。

三、教师政策措施创新发展

银龄教师行动计划，带动民办学校教师队伍建设。《教育部2022年工作要点》，把教师作为教育发展的第一资源，加强工资待遇保障，提高教龄津贴标准。[①] 在国家关于"中小学银龄讲学计划""高校银龄教师支援西部计划"实施中成功积累的发挥退休教师人力资源优势、提升中西部教育发展水平的经验基础之上，教育部等十部门于2023年8月联合发布《国家银龄教师行动计划》明确提出，扩大国家层面"老有所为"平台，深挖退休教师专业和经验优势，发挥其有益补充、示范引领和辐射带动作用，结合公办学校、民办学校以及高等教育、职业教育、基础教育、终身教育等类型特点，分类实施银龄教师支持民办教育行动等五大目标任务，支持各级各类民办学校发展，尤其是急需高素质教师的民办普通本科高校和高等职业院校；通过柔性聘用等形式聘用银龄教师，鼓励民办高校加大对银龄教师的资金投入；在民办学校中探索推行"导师制"，由高素质银龄教师担任青年教师导师，发挥师承效应，打造"银龄智库"；同时充分发挥行业协会等社会组织力量，精准对接供需，引导民办学校科学合理聘用银龄教师，创新探索一条具有中国特色的民办教师队伍建设路径，加快建设教育强国背景下特色鲜明的高质量教师队伍。[②]

---

① 《教育部2022年工作要点》，中华人民共和国教育部，2022年2月8日，http：//www.moe.gov.cn/jyb_xwfb/gzdt_gzdt/202202/t20220208_597666.html。

② 《教育部等十部门联合印发〈国家银龄教师行动计划〉》，中华人民共和国教育部，2024年5月10日，https：//www.canedu.org.cn/site/content/7389.html。

助推数字教育转型升级，提升民办学校教师数字素养。数字素养是未来教师的核心素养之一。[①] 教育数字化转型是"数字中国"战略的重要组成部分。2018 年，教育部办公厅《关于开展人工智能助推教师队伍建设行动试点工作的通知》开启了"智能教育素养提升行动"，支持教师把握人工智能技术进展，推动教师积极掌握人工智能技术，创新教育教学和人才培养模式。2020 年，教育部发布的《职业院校数字校园建设规范》明确教师的主要技能应包括"掌握信息化环境下教学活动设计的程序与方法"。2023 年 2 月，教育部制定了《教师数字素养》教育行业标准，旨在扎实推进国家教育数字化战略行动，完善教育信息化标准体系，提升教师利用数字技术优化、创新和变革教育教学活动的意识、能力和责任。《教师数字素养》从数字化意识、数字技术知识与技能、数字化应用、数字社会责任以及专业发展 5 个一级维度描述了未来教师应具备的数字素养，促进数字技术与教育教学的深度融合与应用创新。上述系列标准和规范的出台，更加明确地对民办学校教师专业能力与素质结构作出规定，能为不同主体适应数字中国建设和数字教育转型升级，高质量推进民办教师队伍建设提供方向指引。

学前教育教师队伍建设政策创新推进。2022 年 12 月，湖南省教育厅等九部门关于印发《湖南省学前教育发展提升行动计划（2022～2025 年)》的通知明确各地应当在科学核定办园成本、合理优化成本分担项目结构的基础上，从学前教育公益普惠定位出发，综合考虑当地城乡经济发展水平和群众承受能力，统筹制定财政补助和收费政策，合理确定公办幼儿园和普惠性民办幼儿园成本分担比例。具体相关内容包括，第一，引导和监督民办园根据有关劳动法律法规和配备标准配足配齐教职工，逐步落实每班"两教一保"的人员配备标准。民办幼儿园要参照当地公办幼儿园教职工工资收入水平，合理确定教职工工资待遇水平并切实保障到位。第二，各地要把幼儿园教职工收入保障水平作为幼儿园等级评定、年检及普惠性民办幼儿园认定的前置条件。第三，加强民办园财务监管。非营利性民办园收取费用、开展活动的资金往来，主要使用在教育行政部门备案的账户，确保收费主要用于保障教职工待遇、改善办园条件、提高保教质量。第四，严禁非营利性民办幼儿园举办者通过任何方式取得办学收益、分配或转移办学结余。

基础教育教师队伍建设政策逐步完善。第一，2022 年 7 月，北京市教育委员会关于印发《北京市中小学新教师规范化培训指导意见》《北京市幼儿园新入职教师规范化培训指导意见》的通知，进一步加强北京市中小学幼儿园新教师培训制度化、

[①] 闫广芬、刘丽：《教师数字素养及其培育路径研究—基于欧盟七个教师数字素养框架的比较分析》，载于《比较教育研究》2023 年第 3 期。

规范化建设，做好北京市中小学幼儿园新教师规范化培训。主要做法是，以提升教师思想政治素质、师德师风水平和教育教学能力为重点，筑基提质、补短扶弱、做优建强、全面提高教师培训质量；新教师通过三年递进式规范化培训，自觉遵守职业规范，掌握教育教学理论和学科教学方法，形成教学基本能力，扣好职业生涯"第一粒扣子"，提升新教师教书育人能力。第二，2023 年 1 月，广东省实施《广东省中小学教师职称评审办法》和《广东省中小学教师职称评价标准条件》，明确规定民办中小学、幼儿园教师参照前述办法参加职称评审。第二，2022 年 12 月，广东省修订了《广东省中小学教师职称评审办法》和《广东省中小学教师职称评价标准条件》，进一步明确民办中小学、幼儿园教师平等的专业发展权益，规定民办中小学、幼儿园可参照公办中小学教师岗位结构比例设置，不低于或高于公办中小学的岗位结构比例。第三，2023 年 2 月 23 日，安徽省教育厅等八部门《关于印发〈新时代基础教育强师计划实施方案〉的通知》，全面深化新时代基础教育教师队伍建设改革，加强高水平教师教育体系建设，培养造就党和人民满意的高素质专业化创新型中小学教师队伍，推动教育高质量发展。

四、职教教师发展支持有力

建设教育强国，是全面建成社会主义现代化强国的战略先导。职业教育作为一种教育类型，对于教育强国的生成与落地具有关键作用。近年来，国家频繁出台的各类职业教育政策，有力地支持了民办职业教育和教师队伍的发展。2022 年 5 月，《教育部办公厅关于开展职业教育教师队伍能力提升行动的通知》，明确提出了包括完善职教教师标准框架、提高职教教师培养质量、健全职教教师培训体系、创新职教教师培训模式、畅通职教教师校企双向流动和营造全社会关注职业教育教师队伍的良好氛围在内的职教教师能力提升策略。2023 年，全面落实《职业教育法》《职业学校兼职教师管理办法》，尤其是《教育部、财政部关于实施职业院校教师素质提高计划（2021～2025 年）的通知》和《教育部办公厅关于开展职业教育教师队伍能力提升行动的通知》等相关法律法规政策，相继出台的《教育部办公厅关于实施新时代职业学校名师（名匠）名校长培养计划的通知》和《国家级职业教育教师和校长培训基地管理办法（试行）》等政策文件，从具体层面对"职教培优计划"和"职校教师素质提升计划"等的落实工作进行了详细规定。这一系列相关政策的出台与实施，为职业教育高质量"双师型"教师队伍建设提供了可靠依托。

聚焦《职业教育法》以及相关中央政策的出台，各地颁布了大量的职业教育教师队伍建设的一般性政策和专门性政策，从中央到地方释放出强大的政策势能，对民办职业教育教师队伍的建设形成巨大的推动力。第一，2022 年 9 月，甘肃省教育厅、省发展改革委、省财政厅、省人社厅联合印发《甘肃省新时代职业教育"双师型"教师队伍建设若干措施》，从健全标准、招录改革、培养供给、激励保障等方面进行强化，为打造"技能甘肃"、推进职业教育提质培优和类型发展提供坚强人才保障。第二，《浙江省教师队伍建设"十四五"规划（2021～2025 年）》明确，要推动各地逐步缩小公办幼儿园劳动合同制教师与在编教师的工资待遇差距，民办幼儿园教师工资应达到当地上年度全社会单位在岗职工平均工资水平以上。第三，2022 年 10 月，河南省教育厅、河南省财政厅《关于实施河南省职业院校教师素质提高计划（2021～2025 年）》的通知，进一步加强职业院校高素质"双师型"教师队伍建设，充分发挥国家培训项目示范引领作用，重点支持骨干教师、专业带头人、"1＋X"证书制度师资、名师名校长、培训者能力素质提升等；突出省级培训项目重点覆盖，重点支持省级骨干教师、"双师型"教师、班主任（辅导员）等专项培训；强化市县级和校本培训项目联动保障，重点支持开展对新入职教师、青年教师等专题培训，实现职业院校教师培训全员覆盖。第四，2022 年 6 月，黑龙江省教育厅等八部门印发《黑龙江省新时代基础教育强师计划实施方案》的通知，从五个方面提出了 20 项举措，主要是加强教师思想政治素质和师德师风建设、加强师范教育和教师培养、加强教师培训和能力素质提升、加强教师管理和综合改革、加强教师待遇和经费保障等，并直接明确将依法依规落实教师待遇保障作为底线要求，确保义务教育教师平均工资收入水平不低于当地公务员平均工资收入水平成果制度化；民办幼儿园参照公办幼儿园合理确定教师工资收入水平。第五，山东省于 2022 年 12 月印发了《山东省深化新时代职业教育教师队伍建设改革实施方案》，提出了加强师德师风建设、提升教师教育教学能力、完善教师激励机制等职业教育教师队伍建设机制，为职业学校教师队伍建设创造良好的制度环境，助力职业学校打造高水平专业化的教师队伍。

第二节　加强民办学校教师队伍建设的主要成效

教师既是教育工作的主心骨，也是推动教育变革的重要力量，教师队伍建设直接关系教育教学改革成效和人才培养质量。党的二十大以来，教育家精神指引下的民办学校教师队伍正面临新的历史使命和承担新的历史任务，主要在师德师风建设、教师专业能力、教师培养体系、教师评价考核等方面取得了一些成效。

一、师德师风建设持续发力

师德师风是教师立身立教之本，是评价教师队伍素质的第一标准。[1] 党中央对新时代教师队伍建设高度关注与重视。习近平总书记强调，"要加强师德师风建设，坚持教书和育人相统一，坚持言传和身教相统一，坚持潜心问道和关注社会相统一，坚持学术自由和学术规范相统一，引导广大教师以德立身、以德立学、以德施教"。[2] 党的二十大报告指出"加强师德师风建设，培养高素质教师队伍，弘扬尊重教社会风尚"[3] 毋庸置疑，师德师风建设作为教师队伍建设的第一内容，是一项艰巨性、长期性和紧迫性的系统工程，深刻理解新时代民办学校师德师风建设的主要特性和价值意蕴，在工作开展中牢记立德树人的根本任务，为开创高素质教师队伍建设新格局提供新路径。

第一，普遍成立师德师风专项建设组织机构。为统筹与协调民办高校师德师风建设及其他相关工作，各民办高校普遍设立了师德师风专项建设组织机构，如师德师风建设领导小组、专家委员会、工作委员会等，主要负责师德师风建设中的教育、宣传、考核、监督、奖惩等事宜，以推动各民办学校形成良好的师德师风环境。

第二，师德师风评价贯穿教师成长各阶段。具体方法包括，在民办教师评价改革中以师德师风为先、立德树人为重，在教师招录中对申请人进行思想品德评估和从业信息查询，对道德水平和政治修养不达标的人员，一律不予以录用；在年度考核和聘期考核中，对师德师风进行重点考评，有严重问题者考核不合格；加强监督教职工日常行为，建立健全教师激励制度和惩处制度，实现奖惩联动的制度效应。[4]

第三，师德师风教育贯穿教师成长全过程。近年来，诸多民办学校全面对标新时代师德师风建设新要求，在教师入职培训、岗前培训、全员培训、专题培训等形式中，专门或嵌入师德师风内容学习。主要通过青年教师导师制、师德师风典型选树、

① 王文静、曾榕清：《中国式现代化背景下师德师风建设的关键路径》，载于《教育理论与实践》2024年第7期。

② 曹淑敏：《习近平在全国高校思想政治工作会议上强调：把思想政治工作贯穿教育教学全过程开创我国高等教育事业发展新局面，载于《人民日报》2016年12月9日。

③ 习近平：《高举中国特色社会主义伟大旗帜为全面建设社会主义现代化国家而团结奋斗——在中国共产党第二十次全国代表大会上的报告》，求是网，2022年10月16日，http：//www.gov.cn/xinwen/2022-10/25/content_5721685.htm。

④ 李建华、肖潇：《"坚持师德师风第一标准"——习近平对师德师风建设思想的重要贡献》，载于《江苏行政学院学报》2023年第1期。

违反师德惩戒案例发布等途径弘扬高尚师德、传承优良师风，促使教师牢记师德师风红线。同时，在科研申报、学科竞赛、教学评比、绩效奖励等环节中，将师德师风作为专项考核评价的首要标准。

二、教师专业能力提升显著

教师专业发展水平既是教学质量和人才培养质量提升的前提，也是民办学校教师实现自我价值的专业性诉求。[①] 近年来，各民办学校采取多元方式助力教师专业教学能力提升。

第一，以教师发展中心为"立交桥"，助力教师专业发展。一些民办学校立足学校办学定位，成立教师发展中心，搭建交流共享平台、汇聚多方优质资源，支持服务教师专业发展。部分民办高校充分发挥教师发展中心平台功能，创新利用名师工作坊、前沿大讲堂、专题报告会、青年沙龙等多种形式，聚焦师德师风、教学能力、科学研究、教学改革、团队建设等重点主题，组织开展了形式多样的交流活动，塑造了教育数字化转型背景下的教师专业能力结构，成为提升教师教学能力的坚实组织保障。

第二，以教学改革项目为立足点，精进教师教学水平。一些民办学校精准把握"三教"改革总趋势，坚持战略思维、创新思维和底线思维。同时，抓住热点、难点和堵点，对深化教育教学改革、搭建科教融汇平台，建立健全教师专业发展激励制度、教材联合开发和动态更新制度，升级课堂教育技术、创新课堂教学方法以及促进教师参与教学改革项目立项和研究积极性明显提高，教书育人水平显著提升，科技创新能力明显增强，新时代民办教育正阔步走向高质量发展之路。[②]

第三，以教师培养培训为落脚点，强化教师专业素养。一些地方省市明确要求民办学校设置一定比例的资金专项用于教师培养培训，或者设立地方民办教育人才培养专项行动计划，提供项目经费以造就一批"民办教育+"的复合型优秀中青年骨干人才[③]，采取培训设计、有效学习、自主选学、现场学习、激励支持等方法破解教师培训"学用之困"[④]，使得教师专业素养培优提质增效显著，凸显了教师对民办教育事业发展的引领作用。

---

①③ 马艳丽、周海涛：《民办学校教师队伍建设改革的新进展新诉求》，载于《中国教育学刊》2019 年第 7 期。

② 黄一鸥、么加利：《科教融汇视域下高职教育"三教"改革的新要求与现实路径》，载于《教育学术月刊》2023 年第 10 期。

④ 李瑾瑜：《教师培训的"学用之困"及其破解之策》，载于《中国教育学刊》2023 年第 11 期。

三、教师培养体系逐步健全

高质量、科学性的教师教育体系是建设优质、科学教师队伍的基本前提。[1] 在民办学校教师队伍建设中，立足学生核心素养培育和全面发展，将更高目标、全新内涵、综合维度的教师专业素养全方位贯穿民办学校教师队伍建设过程，尤其从体制机制上进一步协同创新民办教师培养培训体系，是民办教育优质特色的坚强保障。近年来，民办教师培养体系逐步健全。

第一，探索性民办学校教师教育范式初步形成。各民办学校教师专业发展逐步突出教师有效发现、素材统合、分析归总等关键素质与能力，通过教师主动建构、自主学习与自我反思，探索构建融汇培养、培训、研究和服务一体化的民办教师教育范式，进一步优化了教师培养培训体系，增强了教师自我专业发展内驱力，促使民办教师主动适应"数字技术＋教育""人工智能＋教师教育"等技术革新，使得教师队伍结构更加合理、师资整体水平进一步提升。

第二，多元化民办学校教师发展成长平台逐步优化。部分民办学校重点打造教师专业发展与交流平台，例如教师专业发展中心、教学研讨交流中心、教学发展中心等，并通过名师交流工作坊、青年沙龙、专题讲坛等交流形式，聚焦教学技能提升、教学改革研究、科技能力创新等领域发展，统筹一线教学管理队伍、教研机构、高水平专业团队的建设，联通了教学、人事、教学质量管理机构、二级教学单位等，畅通校内外资源渠道，逐步形成了教师培养培训合力。

第三，创新性民办学校教师培养方式实效渐强。传统教师培养模式主要为职前师范教育、职后教师教育和校本教师培训三种。[2] 近年来，持续创新与多元开放的民办学校教师培养培训方式和培训格局正在形成，整体呈现从被动培训转变为主动分析培训对象，培训内容深度多元化、个性化；培训目标从侧重教学能力提升转向同时兼顾师德师风、教学改革、教学技能、实践教学、学术研究、教学研究等综合素质的全面提升；培训对象从重点关注专职教师转向全面系统关注教学秘书、一线教管人员、实践实训人员等；培训类型从侧重岗前培训转向岗前、在岗、岗后培训等并重；培训方式从单一式授课转向说课、沙龙、工作坊、磨课培训等多样化授课。

---

[1] 张军、朱旭东：《重构科学教师教育体系》，载于《教育研究》2023 年第 6 期。
[2] 徐国庆：《从项目化到制度化：我国职业教育教师培养体系的设计》，载于《教育发展研究》2014 年第 5 期。

四、教师考核制度日益完善

教师考核制度对教师发展具有导向、激励和促进功能。[1] 教师考核评价制度作为民办学校高质量发展的重要基础制度之一，不仅是民办学校师资队伍建设的重要保障，更是引导教师个人专业发展的指挥棒。科学合理的教师评价考核制度对激发民办学校教师工作主动性、积极性和创造性，促进民办学校教师专业成长至关重要。近年来，民办学校教师考核制度日益完善。

第一，坚持以教学业绩考核为核心内容，夯实民办学校教师教学成效根基。教师绩效考核关系教师个人成长、教师队伍建设以及学校整体发展水平。[2] 民办学校教师教学质量与其职称评聘、职务晋升、奖励分配等紧密关联，成为民办学校教师评价考核制度的核心内容。新时代教育评价改革背景下，民办学校教师教学业绩考核评价的范围更加全面、多元，包括课堂教学、教学研讨、学科专业建设、教材教案教辅编写、学科（知识）竞赛指导、创新创业大赛指导、社团活动指导、毕业论文（设计）指导、实习实训带队等，全力支持教师参与教育教学改革研究和教育技术创新，引导民办学校教师参与教改立项、发表教改论文、培养方案改革、课程建设和专业建设，完善民办学校教师教学业绩评价体系，加大了对教学业绩优异教师的奖励力度，激励优秀民办学校教师脱颖而出，使民办学校教师教学质量整体提升。

第二，坚持以分类评价考核为主要方式，充分凸显了民办学校教师鲜明特色。分类评价是凸显民办教育办学特色的重要机制，一些民办学校在教师分类评价考核中，基于不同岗位与学科的特点对教师进行分类评价考核，例如，将专任教师分为科研主导型、教学主导型、科研教学并举型等，并分类制定相应的基础条件、岗位职责与考核标准等内容，指引民办学校教师明确并选择适合的职业发展路径，激发各类教师的潜在资质并提升民办学校育人质量。

第三，也有部分民办学校建立了科学的教师职业生涯管理机制，将教师知识、经验、能力、性格特点与岗位、学科相结合，帮助教师确定合适的职业发展目标，并提供与教师职业目标实现相匹配的基础资源。总体上根治了民办学校教师评价"一刀切"的痼疾，使民办学校教师发展更具规范性、灵活性与科学性。

---

[1] 田一聚：《改革开放以来高校教师考核制度变迁的特征与政策思考》，载于《江苏高教》2010 年第 6 期。

[2] 王丽梅、何喜军：《高校教师分类考核体系研究》，载于《黑龙江高教研究》2013 年第 7 期。

第三节　加强民办学校教师队伍建设的问题堵点

由于民办学校办学体制、管理机制、人际环境与公办学校有所不同，且民办学校学生及家长也较为特殊，因此民办学校教师与公办学校教师相比，面临着更多的工作问题，伴随着更广的社会影响和承受着更大的心理压力。随着民办学校迈向高质量发展新阶段，教师队伍建设不足阻滞学校长远发展的困境愈加凸显，亟须解决在道德情操、队伍结构、专业发展、教师评价等方面的问题堵点。

一、民办教师道德情操有待提升

民办学校教师道德情操是社会道德在教师职业中的特殊表现，其中不仅蕴含一般的道德要求，更意指特殊的教师职业道德。民办学校作为市场经济发展的产物，理应赓续优良师德师风。但师德形成并非天然，既取决于教师个体内化过程中的各种主观能动性因子，也深受学校与外部社会是否共同建立起适宜的外在支撑体系之影响。[①] 实践中，民办学校教师队伍建设中存在着一些教师师德失范典型，师德师风建设在理想与现实、德性与制度、师风与环境等关系中存在失衡困境。[②] 第一，在政治立场和价值导向方面，少数民办学校教师在忠诚与热爱党和国家的事业，认同与践行社会主义核心价值观，尊重与遵守国家法律法规以及提升自身政治思想素质等方面还存在不足；在日常教学过程中，少数民办学校教师对社会公德的维护与弘扬不足，传播正能量、减少负能量不够，严重影响学生良好思想品德和道德情操的养成。第二，在道德品质和行为规范方面，少数民办学校教师受功利主义、拜金主义、个人享乐主义的影响，难以形成职业道德自律和个人行为规范约束，无法发挥对学生的道德榜样作用，在师生互动关系中，不仅无法树立威信，甚至难以赢得学生信任，不利于学生的道德修养和人格塑造。第三，在爱心关怀和责任担当方面，少数民办学校教师在认同与投入立德树人育人目标方面不足，关注与支持学生成长发展不够，在教育教学活动中，难以提升学生学习兴趣和动力，难以达到良好的学习效果。由于一些民办学校在长期发展中累积形成的社会声誉不高，其抵御风险能力一般弱于公办学校，一旦发生教师师德失范事件，便会对民办学校学生招生等事项产生无法估量的影响，对民办学校的生存和发展产生重大冲击。因此，当前亟须对民办学校师德师风建设进行深入反思，

---

① 刘丁鑫：《论高校教师师德养成的外在机制》，载于《江苏高教》2022 年第 11 期。

② 倪素香、彭雯诗：《新时代高校师德师风建设的困境与破解》，载于《中南民族大学学报》（人文社会科学版）2024 年 5 月 11 日。

回答新时代师德师风建设"建什么""怎么建"等基本问题。①

二、教师队伍各类结构仍需优化

教师队伍水平的持续提升是保证学校高质量发展、切实提升人才培养质量的关键。② 同时代发展趋势与教育教学需求相适应的教师队伍结构是激发教师队伍人力效能的基础。当前，教师队伍结构的评价集中于单一多样性指标，如职称结构、学历结构等。团队多样性指个体间在人口统计学等属性特征上分布的差异程度，③ 我国民办学校教师队伍总体呈现哑铃状，中坚力量、核心团队难以形成，教师队伍年龄、学历、职称、学缘等结构性不足突出，导致民办学校发展陷入"质量洼地"，严重制约民办学校人才培养质量提升。

第一，教师队伍年龄结构年轻。一些民办学校，尤其是新建和转设的民办学校一般引进的年轻教师数量较多且已有的中青年教师占比较高，基于培养速度和引进高级职称教师难度较大。尽管年轻的教师队伍有着较高的活力，但也面临着教师教学经验不足、稳定性差的难题，既可能因为思维活跃、难以把握师德要求，还可能受到外部环境的影响而流失。

第二，教师队伍学历结构较低。一些民办学校教师队伍的学历结构中本科、硕士学位占比较高，博士学位占比极低，虽然这与民办学校的办学定位、人才培养、招生规模息息相关，但也侧面反映了民办学校教师队伍整体素质偏低的客观现实，与民办学校办学的需要存在一定的差距。

第三，教师队伍学科结构单一。当前民办学校教师队伍学科的结构主要以经济管理、工程技术等学科为主，以人文社会科学、基础理论等学科为辅，尽管这与民办学校的社会需求与办学特色大致能保持一致，但实际上难以避免教师队伍在知识结构与专业视野上的局限。第四，教师队伍职称结构偏低。在民办学校教师队伍职称结构中，一般讲师职称占比相对较高，副教授，尤其教授职称占比较低，而且副高职称以上教师不足且流动性较大，反映了教师队伍专业能力、学术影响力不强、队伍稳定性不高的现实，这难以推动教育教学与科研之间的良性互动和长期持续发展。

---

① 刘志：《教师德性的主体建构：新时代师德建设的理论基点》，载于《东北师大学报》（哲学社会科学版）2023 年第 6 期。
② 仇勇、高宇亭、田雅琳等：《分类发展下高校师资队伍结构评价指标研究——基于北京市属高校经管类院系的多层次调查分析》，载于《中国高校科技》2023 年第 10 期。
③ M. B. Peter, *Inequality and heterogeneity: A Primitive Theory of Social Structure.* New York: The Free Press, 1977, pp. 307.

三、教师专业发展空间亟须扩大

专业发展空间是指教师在专业发展过程中得到的支持，即教师在职称职务晋升、专业素质提升、学历学位提高、荣誉奖励获得等方面的需求能够在一定程度上得到满足。[①] 教师的专业成长既要服务于学校的内涵、特色和长远发展，又要满足学生、家长及社会对高质量教育服务的期待。当前，民办学校教师专业发展空间狭小，青年教师专业发展面临诸多堵点。

第一，工作强度较大，挤压专业研究时间。当前青年教师大部分时间被教学及其相关准备工作所占据，教案设计、备课、平时作业的设计和批改等，导致青年教师们常常处于应付教学的状态，对于科研、社会服务的职责履行不足。同时也无法聚焦自身专业发展。此外，一些民办高校实行"坐班制"，严重束缚了教师自由的时间安排，让青年教师们在本就不多的闲暇时间里更难自主地、安静地学习、思考，久而久之导致教师专业能力"止步不前"。

第二，进修机会较少，制约专业能力进步。对青年教师而言，进修学习既有利于形成更广阔的学术视野，也有利于建立更良好的人际关系。但现实情况是民办学校教师参加校外培训、继续教育、学术交流的机会不多，跨国学习的机会更是稀缺；同时，民办学校内部教学指导和学术滋养同样缺乏专业上的深入交流与充分讨论。

第三，资源提供不足，影响教师学术产出。[②] 充足的图书和网络学习资源可以支撑教师发展，一方面，部分民办学校经费结构配置不佳，并不重视对网络资源、图书资源的经费保障，甚至有的民办学校没有这方面的专项规划和预算；另一方面，即使有的民办学校购买了相关数字资源，但数量、种类较少，且往往无法及时维护、更新与整理，教师的使用需求远远无法满足，对民办学校教师学术产出的资源支撑效用显然不佳。

第四，专业引领不够，限制学科团队建设。毋庸置疑，科研能力发展离不开学术团队的建立、学科带头人的引领。当前少数没有学术带头人的民办高校，通过招聘和引进具有一定学术影响力的中青年博士，或聘任公办高校里有较高的职称和学历层次的离退休教师作为学术带头人，但学术带头人的引领作用尚未得到充分发挥。同时，民办学校教师专业发展内生式认知有待提升。传统教师专业发展呈现出由外而内被动

[①]　肖林生、卢毓娟：《转设背景下专业发展空间对教师工作绩效的影响机制研究》，载于《浙江树人大学学报》2023年第1期。

[②]　闫晓丽、王北生：《民办高校青年教师专业发展面临的主要矛盾与对策——基于利益相关者理论的分析》，载于《河南社会科学》2022年第5期。

接受的特征，即培训内容都是非教师主体所认为的教师专业发展所"必需"的，而不是教师个人认为"必需"的，教师对培训的消极态度。

四、教师评价促进效果仍需强化

评价作为价值主体对客体的判断工具，被各社会组织或机构普遍运用于衡量人或事物对价值主体的满足程度。教师考核评价改革是近年来教师人事制度改革尤其是高校教师中的难点问题，在此背景下，教师评价制度在教师的学术鉴定分级、人才帽子获得、绩效考核管理、职务资源配置等方面具有明晰权责、指导行为、传输价值的重要功能。① 但长期以来，民办学校教师评价在推动民办教师发展方面缺乏生长土壤与促进诱因，所得评价结果难以发挥促进效果。

第一，评价理念重奖惩轻发展。教师评价中奖惩的绩效导向实质上弱化了"促进教师发展"的评价目标，容易导致制度建设缺乏内在的发展诱因，实施过程中也容易忽略教师内在的、潜在的、过程性的能力考查。此外，以奖惩为导向的问责式评价还会让教师对评价结果产生回避心理甚至恐惧心理，无法就教师的潜在发展和隐性劳动价值得出准确、有效、切实的结论，降低了教师对评价结果的认同，不利于激发教师发展的自主性。

第二，评价手段重量化、轻分析。结合新时代对教师素养的要求以及相关教育法律政策对教师评价内容的规定，教师评价应在多样化的评价内容下匹配多重的评价手段，兼顾对教师的教学技能与情感、个人学识与德行要求。但当前在奖惩评价导向下的教师评价制度容易导致教师评价的手段唯量化弊端。同时，部分学校采取的教师考核方式还停留在教师填写表格、学院或学校审核的阶段，考核结果仅有优秀或合格的简单定性②，这不仅忽略了教育的特殊性，削弱教师参与评价的积极性，也难以有效帮助民办学校教师突破专业不足，培养出高质量的教师队伍。

第三，评价体系重管理轻保障。当前民办学校教师评价主体主要是学生评价、同行评价以及学校评价，对民办学校教师自我评价的考虑不足，且前述评价活动大多独立进行，没有最大程度地发挥多主体评价的优势和效益。同时，评价内容过于追求统一的评价指标设计而忽视了教师的"个体性"，例如，学校的初任、骨干和资深教师在教龄、实践经验、理论素养等方面个体性较强，但现行的教师评价体系却使用统一的评价指标进行考核，忽略了教师自身情况的差异性以及实际教育教学的复杂性，由

① 牛风蕊：《高校教师评价制度的改革困境及其张力》，载于《国家教育行政学院学报》2022年第4期。
② 焦师文：《坚持发展性评价方向 推进教师考核评价改革》，载于《中国高等教育》2014年第10期。

此得出的评价结果也难以诊断教师的实际水平。此外，评价周期不够连贯，前后独立周期的教师评价难以有效反映教师成长与发展轨迹，导致"有结果无过程"的评价弊端，且在评价活动结束后，缺乏相应的过程性记录、信息分析、评价结果的运用，降低了评价结果的指导意义，也难以切实有效发挥教师评价制度的指导效能。

第四节 加强民办学校教师队伍建设的改进思路

建立一支高素质专业教师队伍，对实现学校教书育人和知识创新光荣使命至关重要。有效稳定民办学校教师队伍，不仅需要对教师的一般特征加以关注，更要注重民办学校教师的特殊性，精准发力、综合施策。当前，急需从进一步加强师德师风建设、优化教师队伍结构、夯实教师专业发展和强化教师发展性评价等方面，加强和改进民办学校教师队伍的建设思路。

一、进一步加强师德师风建设

人无精神则不立，国无精神则不强。党的二十大报告将"丰富人民精神世界"作为中国式现代化的本质要求之一。[1] 国家高度重视教师队伍建设，把师德师风建设作为新时代提升教师素质、办好人民满意教育的重要任务之一。2023 年 9 月 9 日，习近平总书记致信全国优秀教师代表，希望广大教师"大力弘扬教育家精神"。[2] 教育家精神的提出为新时代高质量教师队伍建设提供了基本遵循，为新时代师德师风建设指明了前进方向。弘扬教育家精神，引领教师队伍可持续发展，应通过榜样和先进典型，树立好道德准则和行为规范，引导广大民办学校教师在教书育人的言传身教中践行教育家精神，以精深的学养积累、过硬的专业能力做学生学习的知识引导者，将高尚的道德情操、积极的人生态度融入教书育人的言行中，时刻牢记育人育才的使命。

第一，践行并弘扬教育家精神。民办学校应根据教育发展规律、教师成长规律、人才培养规律，立足于理想信念与道德情操，要求教师坚持党的领导，立德树人，实现个人价值与社会价值的统一；立足于育人智慧与躬耕态度，要求教师成长为"经师"与"人师"统一的"大先生"；立足于仁爱之心与弘道追求，要求教师以学生为中心，为国家培育优秀人才。具体而言，广大民办学校教师要深挖教学内容，旁征博

① 习近平：《高举中国特色社会主义伟大旗帜为全面建设社会主义现代化国家而团结奋斗——在中国共产党第二十次全国代表大会上的报告》，载于《人民周刊》2022 年第 20 期。
② 新华网：《习近平致信全国优秀教师代表强调大力弘扬教育家精神为强国建设民族复兴伟业作出新的更大贡献》，载于《人民日报》2023 年 9 月 10 日。

引，以开阔的教学视野引导学生获得真知识、解决真问题；要深耕课堂，聚焦学生发展潜质的差异，设计个性化课程与教学；要研究教学方法，在教学理念与方法上积极探索，形成具有实践创新与推广价值的成果；要注重教研，不断反躬自省，将扎根实践所获得的案例、资源和知识转化为自身的理论素养，生产有力量的教育知识，做理论与实践相统一的"大先生"。

第二，健全师德师风规范体系。师德师风规范体系既是师德师风建设的基础，也是保障教师职业行为规范化的前提。民办学校在师德师风规范体系建设中，应处理好与国家、学生、教师职业、教师业绩、教师修养、学术、教育公平和教师日常八个关系①；在《教师法》修订过程中，增加对民办学校教师的关注，在顶层设计上为民办学校教师师德师风建设提供重要指引；构建以促进教师全面发展为目标的教师职业道德评价机制，制定符合民办学校教师实际情况的教师职业道德评价标准；② 形成包括民办学校师德年度评议制度、师德问题报告制度及师德状况定期调查分析制度等内容在内的制度体系，动态追踪师德信息变化，及时解决师风建设难题，清朗师德师风文化塑造倾向③。同时，加大法律法规在教师队伍中的宣传力度，民办学校通过学习和培训等方式强化教师法律意识、责任意识、风险意识，树立遵法守法用法的法治理念，促使教师自觉形成职业道德，共同维护学校声誉。

第三，完善师德师风建设机制。严格有效的监督管理能够鼓励教师遵守职业规范，强化职业道德，规范职业行为，建立健全学校师德师风机制。对此，民办学校应进一步完善师德师风考核评价机制，在教师职称评审、岗位聘任、绩效考核、奖惩措施等方面融入师德师风考核内容，让师德师风考核评价机制发挥正向激励作用和负向制约作用；推进监督检查机制落细落小，强化对教师日常行为的管理规范，对表现优异的教师给予适当奖励，对存在问题的教师予以惩戒。

第四，加大师德师风教育培训力度。民办学校应创新开展师风师德培训模式，定期开展师风师德主题教育活动，不定期进行热点研讨会议，以案例分析、分组讨论、专题报告、心理辅导等方式进行多样化学习，推动教师心理上认同从业道德和行为要求，行为上遵守职业规范和专业准则。

二、进一步优化教师队伍结构

教师队伍是建设高质量教育体系的关键一环。教师队伍的合理性不仅有助于激

---

① 林崇德：《加强师德师风建设必须处理好八个关系》，载于《中国教育科学（中英文）》2023 年第 5 期。
② 徐新洲：《高校教师职业道德规范的伦理审视与考核评价研究》，载于《江苏高教》2019 年第 9 期。
③ 王文静、曾榕清：《中国式现代化背景下师德师风建设的关键路径》，载于《教育理论与实践》2024 年第 7 期。

发教师队伍的综合实力，更有利于学校教育教学质量提升。当前应结合民办学校教师队伍建设现状，从综合视角构建符合不同民办学校实际发展需求的教师队伍评价指标体系，探索切实反映民办学校教师队伍评价全貌的综合性指标，以实现民办学校教师队伍结构优化和评价创新。同时，民办学校应采取合理切实的举措关注教师发展尤其是青年教师队伍建设，通过人性化的制度构建为教师发展提供良好的制度环境。

第一，加大专任教师引培力度。民办学校应采取多元化聘任方式适配青年教师对职业的个性化要求，形成灵活变通的优秀人才引流模式；统筹优化教师专业发展和职业生涯规划，扩大整体岗位的长期吸引力；构建多类别、多层次、多形式的学术交流平台，帮助教师实现个人价值、职业价值和社会价值；多措并举引导中青年教师到国内外一流高校和科研机构开展研修合作，鼓励有能力有条件的教师积极进修；加大对教师进修的资金支持力度，充分调动教师进修积极性，提升民办学校专任教师队伍实力；综合形成健全的学校自主支持培养体系。

第二，优化教师队伍职称结构。民办学校应以知识价值和成果质量为导向深入推进民办学校教师职称制度改革，鼓励广大教师在追求高级岗位中强化能力、追求实绩、创造贡献，形成分类评价的指标体系和奖惩机制；强化教师发展服务体系支持与建设，配齐教辅及管理队伍人员，优化学校岗位结构比例，以更加优质的教学、更加高效的服务支撑教师队伍建设。

第三，优化教师队伍学历结构。构建有助于民办学校实现可持续发展的合理梯队，营造包容、开放、平等、自由的学术组织文化，增强教师代际合作；[1] 为学校长远发展储备优秀人才资源，加快培养一批优秀中青年教师队伍，适时开展拔尖创新人才培育计划、中青年骨干教师培养计划、青年教师学历提升计划等，畅通中青年教师在职进修提升通道，以此为契机提升教师队伍整体实力；同时，开展青年教师学历提升工程、教师队伍博士化工程等，有效提高博士学位专任教师在教师队伍中的数量和比例，改善教师队伍的学历结构。

三、进一步夯实教师专业发展

民办学校教师专业发展问题受到全社会和教育行政部门的重点关注，广泛形成要求破解民办学校教师专业发展难题的趋势，需要从有效平衡从业教师、学校管理者、

---

[1] 鲍威、金红昊、田明周：《我国研究型大学教师队伍年龄结构与科研产出的关系》，载于《高等教育研究》2020 年第 5 期。

办学投资者三方利益角度出发，形成教师专业发展最优化的协同格局。

第一，创新民办学校青年教师管理机制。民办学校应充分回应青年教师积极求进的职称等级晋升需求，设置职称评审相应的科研条件与指标体系，为青年教师提升职业成就感创造空间；关注教师个人特长与风格，在任务考核、职称评审、奖励设置等方面实施差异化管理，鼓励教师在探索个性化教学的过程中提高工作投入程度，减少教师完成学校硬性要求的职业压力；① 充分发挥民办学校教研型功能，要求青年教师在站稳讲台的同时注重科研，形成教学与科研的相辅相成、良性互动；鼓励积累一定科研成果的教师成为双管齐下的教学科研型教师，支持擅长并在科研领域成果卓著的教师根据自身情况转型成为科研为主型教师。

第二，建立民办学校教师职后培训制度。鼓励青年教师积极参加校内外的培训活动与交流项目，引进一批老教师走进青年教师课堂，推进新老一对一互动，形成以老带新的"结对子"传帮带方式，落实青年教师提高学术教研水平的"导师制"；针对不同教师专业发展所处的阶段，以技能型社会下民办学校教师职后培训的价值目标为原点，在师德师风、教育理念、前沿专业知识等内容基础上，聚焦每位教师的职后培训需求，以更加多元的培训方式进行实践技能培训、理论知识培训、社会服务能力培训等内容，积极促进教师的适应性发展。

第三，逐步提高民办学校教师薪酬待遇。民办学校应深化教师收入分配制度改革，构建以增加知识价值为导向的收入分配机制；建立多元化薪酬制度、教师岗位绩效考核与奖励制度等。② 此外，学校可以通过购买职业年金或企业年金的方式，在医疗住房、结婚、生育等方面为部分教师提供补助，针对性解决教师在生活、养老等方面的担忧，尤其要为青年教师的专业发展"保驾护航""备足粮草"，保障青年教师队伍的稳定性、可持续性和发展性。

第四，畅通民办学校和教师的沟通渠道。民办学校应加强学校关键利益相关者之间的互动，推动学校问题的解决。同时，采用开展教职工代表大会的方式拓宽个人发言渠道，增加直接沟通枢纽，充分了解教师的发展需求和发展困境，更有针对性地提高利益相关者间复杂问题的解决效率，强化教师对学校的归属感，提升教师自我价值实现的成就感，形成推动专业发展的坚定信念。

第五，强化民办学校教师专业发展的内源性动力。民办学校教师对专业发展的自主建构需要个体间的交互联动，不仅通过教师在专业发展进程中的自主学习和自我反

---

① 曹兰芳、文建林：《分类管理视角下高校教师工作投入及差异研究》，载于《黑龙江高教研究》2019 年第 4 期。

② 景安磊、周海涛：《加强高校教师队伍建设的关键任务和路径探析》，载于《国家教育行政学院学报》2019 年第 3 期。

思改观教育教学经验，通过教师同伴互助共学的形式发现问题并自觉学习，促进民办学校教师形成随时随地根据自身所需获取学习资源并反馈自身的学习状态，循环往复，最终实现专业发展。

四、进一步强化教师发展性评价

"没有更好的教师就不会有更好的学校，但没有教师可以在其中学习、实践和发展自身的好学校，也就不会有好教师"。[①] 科学评价民办学校教师的专业素养和社会价值是深化民办教育评价改革的重要议题，教师评价的价值导向塑造了民办学校教师的学术信念、行为方式和学术生态。在民办学校教师队伍管理中，教师评价考核能发挥事半功倍的积极作用，而聚焦教师个体本身，以促进教师发展为主旨，回归学校使命、回归教育精神和教师评价本真的教师综合评价过程，才是教师发展性评价的核心要义，[②] 对民办学校教师队伍建设尤为重要。新时代下应结合我国民办学校现实境况，围绕教师发展性评价体系深入推进教师评价改革，将民办学校教师纳入考核参与范围，运用考核结果形成教师评价指标，以评价的方式正向推进教师发展。

第一，提升评价导向的发展性。政府与民办学校应从教师的专业知识与技能、自我认识与理解、生态适应与转变等可持续性发展等维度构建发展性评价体系；[③] 要构建良好的府学关系，明晰教育行政机关、民办学校管理者与教育评价机构的权责范围及边界；适当引入第三方评估机构参与教师评价，重点关注民办学校人才培养、学术产出与社会发展需求的适切性、契合度；充分发挥专家委员会的指导作用，将监督指导常态化、规范化、科学化；确保绩效评价过程与结果的公平公开公正，实现以评价促发展的最终目标。

第二，强化评价内容的科学性。科学的评价手段是推动评价结果合理的前提，科学的评价内容是保障评价结果准确的基础。民办学校评价制度改革应坚持把立德树人成效作为根本标准，坚决克服重智育轻德育、重分数轻素质等片面办学行为；[④] 应转变唯结果的评价理念、突破唯量化的评价指标，构建包括教师、学生、同行、教学督

---

① 于剑、韩雁、梁志星：《高校教师发展性评价机制研究》，载于《高教发展与评估》2020 年第 2 期。

② 陈春莲、唐忠：《教师教学评价体系的构建与实施——基于"五维一体"发展性评价的改革思路》，载于《中国高校科技》2020 年第 10 期。

③ 陈婷婷、王者鹤：《英国高校教师科研发展性评价体系的运行机制及其逻辑指向》，载于《中国高教研究》2023 年第 12 期。

④ 中共中央、国务院：《深化新时代教育评价改革总体方案》，载于《中华人民共和国教育部公报》2020 年第 11 期。

导者和管理者等五个评价主体且各有评价内容及权重的"五位一体"的发展性教师评价体系,[1] 综合运用科学的评价手段与评价内容,形成能够正向激励教师发展的评价性结果。

第三,保障评价体系的有效性。民办学校各利益相关主体需要推动实现以评价促发展的目标,其中最为关键的是确保民办教师能充分发挥作为参评主体的主观能动性、评价过程能坚持环节透明合理的公开性与连贯性、评价结果具有可供全面探讨和落地实践的参考性与实践性。执行民办学校教师发展性评价制度,应进一步强化对保障发展性评价结果合理运用的政策支持力度,合理修改、调整评价标准和评价方法,有效激发发展性评价的制度优势;吸引国家、社会、学校乃至民办学校教师本人等多主体积极关注政策落地情况,从加大力度、扩大广度、强化深度等方面监督并推动发展性评价制度进一步完善,形成促进民办学校教师发展的强大合力。[2]

---

① 陈春莲、唐忠:《教师教学评价体系的构建与实施——基于"五维一体"发展性评价的改革思路》,载于《中国高校科技》2020 年第 10 期。

② 谢慧、李如意:《〈教师法〉修订视域下教师发展性评价的应然路向》,载于《当代教育理论与实践》2023 年第 5 期。

第八章　引导规范民办教育发展政策分析

修改后的《民办教育促进法实施条例》明确提出"各级人民政府应当依法支持和规范社会力量举办民办教育，保障民办学校依法办学、自主管理，鼓励、引导民办学校提高质量、办出特色，满足多样化教育需求"。2022 年 12 月，党的二十大报告指出要"引导规范民办教育发展"，这与党的十八大报告中的"鼓励引导社会力量兴办教育"、党的十九大报告中的"支持和规范社会力量兴办教育"相比，有了实质性变化，如何规范民办学校办学行为，加快构建健康的教育生态成为新时代民办教育的主旋律。

本章主要回答"新《实施条例》施行后，民办教育政策体系是否有效促进了民办教育的规范发展"这一问题，通过聚焦新《实施条例》施行后民办教育相关政策体系对民办学校办学行为的规范和引导情况，剖析这些政策的约束性和指导性效果，进一步明确利益相关者理应享受的权利和义务，明确利益相关者的使命和责任。首先梳理引导规范民办教育发展的政策内容，其次分析引导规范民办教育政策的执行成效，再次探讨引导规范民办教育政策的现实难点，最后提出促进民办教育规范发展的政策建议。

第一节　引导规范民办教育发展政策的基本情况

近年来，在党和国家的正确指引下，我国引导规范民办教育的政策供给不断扩大，政策导向更加明确，政策内容日趋完善，为促进教育公平、满足人民群众多样化教育需求、促进社会经济发展等方面作出应有贡献。通过对近年来我国民办教育政策的文本内容分析，发现引导规范民办教育发展的相关政策主要包括加强党对民办学校的全面领导、规范民办学校办学行为、推进分类管理改革、提高资产财务管理水平、加强民办学校全方位督导等。

一、加强党对民办学校的全面领导

作为我国教育事业的重要组成部分,民办学校的办学方式、组织结构、运行模式具有多样性,但在坚持正确政治方向和育人方向上必须是一致的。民办教育必须把坚持党的领导、贯彻党的教育方针摆在首要位置。2020 年 7 月,中央组织部、教育部、民政部、人力资源社会保障部、市场监管总局五部门印发《民办学校党建工作重点任务》(以下简称《重点任务》),明确了民办学校党建工作的十个方面,要求强化党组织的政治功能,推动党的建设有关内容写入民办学校章程,健全党组织参与决策和监督制度。2021 年 4 月,为加强党对民办学校的全面领导,《实施条例》明确了民办学校的办学方向,增加规定:民办学校应当坚持中国共产党的领导,坚持社会主义办学方向,民办学校中的中国共产党基层组织贯彻党的方针政策,依照法律、行政法规和国家有关规定参与学校重大决策并实施监督;同时,明确民办学校决策机构组成人员应当有党组织负责人,监督机构组成人员应当有党的基层组织代表,学校的章程应当规定学校党组织负责人进入学校决策机构和监督机构的程序。

为切实贯彻中央教育工作领导小组《关于深入学习宣传贯彻党的教育方针的通知》要求,按照有关教育法律法规精神和《重点任务》要求,2021 年 11 月,教育部办公厅印发了《关于深入贯彻落实党的教育方针有关内容写入民办学校章程工作的通知》,对党的教育方针如何规范写入民办高校、民办中小学校(含中等职业学校)的章程进行规范。为总结交流加强民办高校党建工作的经验做法和规律性认识,2022 年教育部工作要点明确提出:调研推动《民办学校党建工作重点任务》贯彻落实,指导各地加快推进民办学校章程建设,推动党建有关要求进章程。2023 年 12 月,教育部在江苏南京举行民办高校党建工作推进会,交流总结民办高校党建工作的经验做法和规律性认识,研讨和部署下一阶段重点任务,要求准确把握加强和改进民办高校党的建设的重点工作,进一步提高政治站位、夯实组织覆盖、增强政治功能、提高工作水平、增加资源投入、完善体制机制,推进民办高校党建工作与事业发展深度融合,以高质量党建引领高质量发展。[①]

各地积极贯彻落实中央相关政策要求,不断加强民办学校党的领导和思想政治教育工作。青海省人民政府出台《加强民办学校党的建设工作的实施意见(试行)》,

---

① 教育部:《教育部召开民办高校党建工作推进会》,中华人民共和国教育部,2023 年 12 月 21 日,http://www.moe.gov.cn/jyb_xwfb/gzdt_gzdt/moe_1485/202312/t20231221_1095727.html。

从坚持党的领导与依法治校相统一、加大民办学校党组织组建力度、突出抓好民办学校思政德育工作等方面提出 13 条具体措施，全面推进民办学校党建工作。① 吉林省委将民办高校党建工作作为重点任务，开展民办高校党建工作调查研究，制定印发《吉林省民办高校党委书记（督导专员）选派管理办法》《关于加强全省民办学校党的建设工作的实施意见（试行）》《吉林省民办高校党委书记（督导专员）考核办法》等政策文件，为加强民办学校党的领导和思想政治教育工作提供制度遵循。同时，在全省公办高校中集中推选 18 名优秀正处长级干部担任民办高校党委书记，实现民办高校党委书记选派全覆盖②。福建省制定出台了《贯彻落实民办学校党建工作重点任务实施方案》，从 10 个方面提出了 28 条具体措施，指导并规范全省民办学校特别是民办高校党的建设工作③。辽宁省以应建未建和无党员的民办学校为工作重点，开展"两个覆盖"集中攻坚，通过创新党组织设置方式和选派党建工作指导员，基本实现党的组织应建尽建、党的工作全覆盖。④

二、规范民办学校办学行为

近年来，进一步规范民办学校办学行为成为民办教育政策的热点。一方面，中央和国家从顶层设计和宏观谋划层面，对民办学校的办学行为规范问题进行总体部署，作出统一要求。2021 年，新《实施条例》对民办学校的办学招生、法人治理结构、学校名称进一步作出重要规定，填补了诸多关于民办学校监管的法律空白。其中，规范民办义务教育学校是防范民办学校办学行为风险的重点任务，也是确保教育公平的关键措施。2021 年 5 月，中共中央办公厅、国务院办公厅印发《关于规范民办义务教育发展的意见》，中央教育工作领导小组秘书组、教育部联合召开规范民办义务教育专项工作推进会。值得关注的是，2021 年，教育部等八部门印发《关于规范公办学校举办或者参与举办民办义务教育学校的通知》，提出对"公参民"学校进行专项规范，要求由公办学校单独举办的民办学校、公办学校与地方政府及相关机构合作举办的义务学校，应当转型为公办学校；不再批准新的"公参民"学校，

---

① 青海日报：《青海省出台加强民办学校党的建设工作的实施意见（试行）》，人民网，2020 年 7 月 7 日 http：//qh. people. com. cn/n2/2020/0707/c182775 – 34138527. html。

② 教育部思想政治工作司：《吉林省坚持和加强党的领导 打造新时代民办高校党建新高地》，中华人民共和国教育部，2020 年 10 月 29 日，http：//www. moe. gov. cn/s78/A12/gongzuo/moe _2154/202010/t20201029 _ 497213. html。

③ 福建日报：《让党建成为民办高校发展的"红色引擎"》，福建省人民政府，2020 年 12 月 25 日，ht-tps：//www. fujian. gov. cn/xwdt/fjyw/202012/t20201225_5500626. htm。

④ 辽宁日报：《我省推动民办学校党建工作高质量发展》，辽宁省人民政府，2021 年 6 月 18 日，https：//www. ln. gov. cn/web/ywdt/jrln/wzxx2018/63CC7BFAAFCF4C30A2E0B17EFD7AD826/index. shtml。

禁止公办学校以变相方式举办民办义务教育学校，推动公办学校回归公办，社会力量举办民办，促进义务教育优质均衡发展。① 2022 年 2 月，《教育部 2022 年工作要点》提出，积极稳慎推进规范民办义务教育发展专项工作。② 在中央政府部门的引导和监督下，各地开展规范"公参民"学校专项整治行动，"公参民"义务教育学校治理逐步推进。

各地政府深刻认识到民办学校办学行为风险的严重性与复杂性，将防范化解风险视为促进民办教育规范健康发展的必要手段。例如，2021 年，云南省教育厅等八部门联合发布了《关于规范公办学校举办或者参与举办民办义务教育学校的工作方案》，对"公参民"义务教育学校进行了规范，明确了转公办和停办的条件及相关责任人。③ 浙江省、安徽省等地相继出台地方性指导文件，推动了本地义务教育阶段"公参民"学校专项规范工作的开展。至 2022 年，湖南、江苏、四川、河南、北京等多地相继出台了民办义务教育在校生占比控制在 5% 以内的政策限令，强调确保完成"公参民"学校治理等各项民办中小学治理任务的重要性，推动了民办教育规范发展进程。

三、稳步推进分类管理改革

2010 年《国家中长期教育改革和发展规划纲要（2010～2020 年）》（以下简称《规划纲要》）提出了探索营利性和非营利性民办学校分类管理的政策，即不再以是否"要求合理回报"作为分类标准，而是以"营利性"和"非营利性"的属性加以区分。2016 年 11 月，《全国人民代表大会常务委员会关于修改〈中华人民共和国民办教育促进法〉的决定》实施，自此分类管理政策上升至法律层面。法律规定："民办学校的举办者可以自主选择设立非营利性或者营利性民办学校"；"非营利性民办学校的举办者不得取得办学收益，学校的办学结余全部用于办学"；"营利性民办学校的举办者可以取得办学收益，学校的办学结余依照公司法等有关法律、行政法规的规定处理"。从《规划纲要》到《民办教育促进法》修正案，民办教育分类管理政策

---

① 教育部等八部门：《教育部等八部门关于规范公办学校举办或者参与举办民办义务教育学校的通知》，中华人民共和国教育部，2021 年 7 月 19 日，http：//www.moe.gov.cn/srcsite/A03/s3014/202107/t20210728_547409.html。
② 教育部：《教育部 2022 年工作要点》，中华人民共和国教育部，2022 年 2 月 8 日，http：//www.moe.gov.cn/jyb_sjzl/moe_164/202202/t20220208_597666.html。
③ 云南省教育厅：《云南省教育厅等八部门关于印发规范公办学校举办或者参与举办民办义务教育学校工作方案的通知》，云南省人民政府，2021 年 11 月 8 日，https：//www.yn.gov.cn/bsfw/ztfw/jypx/jypxwyk/202201/t20220104_234069.html。

完成了从"积极探索"到"必须贯彻落实"的演变。①

为响应国家号召，各省市积极出台民办教育分类管理相关政策，比如，2021 年广东省人民政府颁布的《广东省教育发展"十四五"规划》中提出要积极稳妥推进民办教育分类管理改革，规范民办教育发展，全面加强民办学校和校外培训机构监管。2021 年宁夏回族自治区发布的《宁夏回族自治区教育事业发展"十四五"规划》提出支持和规范民办教育发展，深化民办教育分类管理改革，进一步健全非营利性与营利性民办学校分类办学体系、差别化扶持体系和长效性监管体系。至此，从中央到地方，我国分类管理政策开始广泛实施，我国民办教育的管理体制得以理顺，营利性和非营利性的民办学校可以"各走各自的路"。

四、提高资产财务管理水平

财务稳健和资产安全是维护教育质量和民办学校可持续发展的关键。规范的财务和资产管理不仅关系到民办学校的经济健康，还直接影响到教育服务质量和民办学校社会声誉。对此，中央政府部门对民办学校资产财务管理做出了一系列规定。新《民促法》规定，非营利性民办学校举办者不得从中获取办学收益。此外，新《民促法》也明确禁止任何组织和个人侵占或挪用民办学校资产和经费，违规行为将受到法律的严厉处罚，包括责令改正、警告、没收违法所得、停止招生、吊销许可证，甚至追究刑事责任②。新《实施条例》进一步明确，公办学校在参与民办学校时，不能使用国家财政性经费，也不得通过管理费等方式取得办学收益，以保障公私教育资源的公正性和透明度。同时，严禁以赞助费等名目向学生或家长非法收费。基础教育的政策改革则特别强调对民办幼儿园收费的监管，要求严格控制营利性民办园收费行为，加强对收费政策的制定和执行，保证收费公正合理③。总的来说，民办学校在财务和资产管理方面面临诸多风险和挑战，需要通过建立健全的内部管理制度和加强外部监督来妥善处置。

近年来，各地政府部门针对民办学校的财务管理和资产安全实施了一系列监管措施，以确保教育资金使用合规透明。例如，2022 年广东省通过《广州市学校安全管

---

① 别敦荣、石猛：《民办高校实施分类管理政策面临的困境及其完善策略》，载于《高等教育研究》2020 年第 3 期。

② 全国人民代表大会常务委员会：《中华人民共和国民办教育促进法》，国家法律法规数据库，2018 年 12 月 29 日，https：//flk. npc. gov. cn/detail2. html? ZmY4MDgwODE2ZjEzNWY0NjAxNmYyMGZlOTY4ODE3NTY%3D。

③ 国务院：《中华人民共和国民办教育促进法实施条例》，国家法律法规数据库，2021 年 4 月 7 日，https：//flk. npc. gov. cn/detail2. html? ZmY4MDgxODE3YjYzYjkzNTAxN2I3YjAwNjNjMTc5YjM。

理条例》，要求民办学校保障安全管理经费，违规者将面临高额罚款。① 同年 3 月，辽宁省教育厅发布通知，强调严禁民办园和基础教育学校随意提高学费，着重规范教育收费行为。2023 年，上海市教育委员会出台规定，引导营利性民办高等学校合理分配办学结余，旨在增强民办学校财务透明度和合规性。同年 8 月，云南省教育厅发布民办学校财务管理及监管办法，全面加强资金、资产及负债管理，确保资金使用的规范性。2024 年，上海市再次出台规定，禁止实施义务教育的民办学校与利益关联方进行交易，以规范关联交易行为，保护各方合法权益。同年 2 月，广西壮族自治区教育厅与财政厅共同推出针对民办高校的财务管理办法，从多个角度加强财务监督和风险防范。这一举措显著强化了民办学校的财务管理和资产安全，为学校健康运营和提升教育质量提供了坚实保障。政府部门的持续监管与指导，保证了教育投资的高效和公正，促进了民办教育的规范化发展。

五、加强民办学校全方位督导

2020 年 2 月，中共中央办公厅、国务院办公厅印发了《关于深化新时代教育督导体制机制改革的意见》（以下简称《意见》），这是新中国历史上第一次以党中央名义印发教育督导文件，明确了教育督导在深化管办评分离、强化监督体系中特有的地位和作用，是落实教育督导"长牙齿"的有力举措。其中《意见》第二条明确提出要"各地要加强对民办学校的全方位督导，进一步深化教育督导管理体制改革""压实问责制度。对年度目标任务未完成、履行教育职责评价不合格，阻挠、干扰和不配合教育督导工作的被督导单位，按照有关规定予以通报并对相关负责人进行问责；对于民办学校存在此类情况的，责成教育行政主管部门依法督促学校撤换相关负责人②。"随后，教育部督导局向各地印发《关于深化新时代教育督导体制机制改革的意见贯彻落实工作的通知》，对督导体制机制改革这一主题作出统一部署，要求各地加紧从讲政治的高度推进落实。31 个省份及新疆生产建设兵团后续均出台了改革实施方案，全面深入落实《意见》情况。

2021 年 7 月，国务院教育督导委员会关于印发《教育督导问责办法》的通知，对问责的事项、程序、方式等作出明确规定，明确了对被督导单位相关责任人的问责方式，提出"民办学校和教育培训机构举办者及其实际控制人、决策机构或者监督

① 广州市人民代表大会常务委员会：《广州市学校安全管理条例》，国家法律法规数据库，2022 年 1 月 22 日，https：//flk. npc. gov. cn/detail2. html？ZmY4MDgxODE4MTk1MWFkNTAxODFhNGFlNjUyYODM1Mjc。
② 中共中央办公厅 国务院办公厅：《关于深化新时代教育督导体制机制改革的意见》，新华网，2020 年 2 月 19 日，http：//www. xinhuanet. com/politics/zywj/2020 - 02/19/c_1125597458. htm。

机构组成人员如违反《中华人民共和国民办教育促进法》《中华人民共和国民办教育促进法实施条例》等法律法规，由各级人民政府教育督导委员会办公室提请县级以上人民政府教育行政部门、人力资源和社会保障行政部门、市场监管部门或者其他有关部门依据职责分工责令限期改正，退还所收费用后没收违法所得、罚款，依法对有关人员予以从业禁止处罚，并纳入其诚信记录"。① 全国 31 个省份和新疆生产建设兵团均结合实际出台了《教育督导问责办法实施细则》。

为进一步落实《意见》关于"加强对民办学校的全方位督导"的规定，2022 年 11 月，国务院教育督导委员会办公室印发《关于加强和改进民办学校督导工作的若干意见》，明确了民办学校的督导重点，包括：加强民办学校党的建设监督，加强民办学校资产和财务管理监督，加强招生和教学工作监督，加强规范工作监督，加强安全工作监督等。同时，配合完成规范民办义务教育发展专项工作，向民办义务教育学校在校生规模占比较高的省份印发督办单跟踪督办；对"邯郸市成安县无证学校大行其道"问题进行专项督办，追责问责。当前，我国基本建成了覆盖中央和地方、公办和民办、校内和校外的教育督导体制。

第二节 引导规范民办教育发展政策的主要成效

近年来，在中央及各地政府部门的统筹推进下，在各级各类民办学校的协同努力下，民办教育制度根基逐渐夯实，民办学校党建工作水平显著提高，办学规范程度逐渐提升，资产财务管理日益完善，校园安全管理工作取得积极进展。

一、民办教育制度根基逐渐夯实

新修订的《民办教育促进法》及《实施条例》施行前的较长时间内，我国民办教育的政策体系尚不完善，引导和规范民办教育发展的政策供给长期不足，难以满足民办教育高质量发展的需求，不少民办学校处于"摸着石头过河"的阶段。作为国家宏观调控和变革的重要手段，教育政策在民办教育发展改革发展中的作用尤为突出。

2021 年，经过多轮审议，国务院出台了新修订的《实施条例》，加上 2016 年修改的《中华人民共和国民办教育促进法》和同年发布的《国务院关于鼓励社会力量

---

① 国务院教育督导委员会：《关于印发〈教育督导问责办法〉的通知》，中华人民共和国教育部，2021 年 7 月 20 日，http：//www.moe.gov.cn/srcsite/A11/s7057/202107/t20210723_546399.html。

兴办教育促进民办教育健康发展的若干意见》，标志着我国民办教育的顶层设计已经完成，我国民办教育进入分类管理、规范发展的新时代。同时，地方积极出台新法新政配套文件，例如《广东省实施〈民办教育促进法〉办法》《陕西省民办教育促进条例》等，这些地方性法规进一步细化了民办教育的法律体系，丰富了民办教育的制度供给。陕西、江苏和山东三省在组织宣传培训和深入调研、广泛征求意见的基础上，分别印发了本省《关于鼓励社会力量兴办教育促进民办教育健康发展的实施意见》，在全面加强党的领导、积极落实分类管理制度、积极细化差异化扶持政策、进一步落实民办学校教师待遇、建立健全学校退出机制等方面作出了详细规定。

总之，民办教育政策的顶层设计和基层探索共同完善了民办教育改革发展的制度安排，扩大了民办教育发展的政策资源，为民办学校的高质量发展奠定了坚实的制度根基。

二、党建工作水平显著提高

党建是民办教育健康发展的基石，引领正确的办学方向、教学改革方向和学风建设方向。近年来，民办学校持续加强党建工作，注重思想建设、组织建设、作风建设和制度建设，增强政治意识、大局意识、核心意识、看齐意识。以河北省为例，省委组织部、省委教育工委组织全省 23 所民办高校党委书记和举办者深入学习党的二十大精神和习近平总书记关于教育的重要论述；研究制定民办高校高质量党建创建指标体系和量化考核机制，加强对民办高校党组织的监督和指导；印发《关于加强全省民办学校党支部标准化规范化建设的指导意见》，夯实民办学校基层组织的基础工作；开展党建示范创建和质量创优工作，统筹整合党建和学校资源，推进了民办学校党建工作的全面提升。北京市也积极推动民办高校党建工作的开展，制定了《北京民办高校党建和思想政治工作基本标准》，推动民办高校党组织的组织化和决策层的党组织书记进入董事会工作。2023 年，云南省各级各类民办学校深入学习习近平总书记致云南大学建校 100 周年重要贺信精神，通过创新党建工作的方法提升思想政治工作水平。与此同时，民办中小学幼儿园也不断推进党组织和党的工作全覆盖，增强学校党组织的政治功能。

三、办学规范程度逐渐提升

近年来，民办学校的办学规范水平显著提升，取得了突出成效。一方面，政府不断完善相关法律法规，加强对民办学校的监督管理，为民办学校的规范化发展提供了坚实的法律基础，明确了民办学校的办学行为规范。另一方面，民办学校积极贯彻落实中央及各地政府部门的政策要求，加强内部治理结构和治理能力，提高了学校教育教学质量和服务水平。特别是在民办义务教育领域，各地政府采取了一系列措施促进民办学校规范化发展。2021 年，重庆市人民政府停止审批新增"公参民"学校，稳步消化现有"公参民"学校存量，全市 48 所存量"公参民"学校实现了公办与民办的全面"脱钩"，其中，39 所转变为公办学校，8 所继续作为民办学校，1 所停止办学。① 贵州省在 2023 年全省教育工作总结中指出，过去一年里坚决贯彻落实"不再审批新的民办义务教育学校"的政策要求，将省域、县域内民办义务教育在校生占比牢牢控制在规定要求范围内。同时，出台了《贵州省民办非学历高等教育培训机构设置及管理办法（试行）》，深入开展"公参民"学校的规范治理，指导督促 160 所学校对规范招生、规范校名等问题进行整改。② 陕西省教育厅于 2023 年 1 月已全面完成"公参民"学校的规范治理任务，公办高校举办的民办义务教育学校回归公办并积极发挥其公益作用，接收社会生源。2024 年，湖南省在《"十四五"教育事业发展规划》的中期评估报告中指出，已如期完成规范民办义务教育的专项工作，增加公办学位 44 万个，民办学生占比由此前的 9.75% 降至 4.24%，每年减少老百姓学费支出 60 亿元。③

四、资产财务管理日益完善

相较于公办学校，民办学校的特殊性质和社会使命使其更应该重视资产管理、财务管理和学费管理，以确保学校的健康发展和社会责任的有效履行。因此，近年来，各级政府通过建立健全民办学校财务制度、落实民办学校法人财产权、规范民办学校收费权限和收费行为、明确民办学校收费用途、确认并规范民办学校关联交易、强化民办学校财务的监管等举措，不断增强民办学校财务风险防范意识，完善民办学校财务管理体制，促进学校稳定和健康发展。具体地，第一，为了加强民办学校的财务管理和风险防控，许多地方政府及教育部门实施了一系列举措。例如，在建立和完善民

---

① 重庆人大：《重庆市人民政府关于民办义务教育发展情况的报告》，重庆人大网，2021 年 7 月 7 日，https：//www.cqrd.gov.cn/site/article/1211399143454953472/web/content_1211399143454953472.html。

② 贵州省教育厅：《省教育厅关于印发 2023 年全省教育工作总结和 2024 年全省教育工作要点的通知》，贵州省教育厅，2024 年 3 月 15 日，https：//jyt.guizhou.gov.cn/zfxxgk/fdzdgknr/ghjh/jhzj/202403/t20240315_83936375.html。

③ 湖南省人民政府办公厅：《湖南省人民政府办公厅关于印发《湖南省"十四五"教育事业发展规划》的通知》，湖南省人民政府，2021 年 8 月 17 日，https：//www.hunan.gov.cn/hnszf/xxgk/wjk/szfbgt/202108/t20210824_20392744.html。

办学校财务制度方面，浙江、云南、重庆、上海、广东、江苏等地区已要求民办学校建立透明的会计制度和财务报告机制，确保所有的财务活动都按照国家及地方性法规进行，这些财务报告不仅需要定期向教育行政部门报告，而且需要接受第三方的审计，以确保数据的真实性和透明性。第二，为了落实民办学校法人财产权，部分地区在《实施条例》的法律框架下制定了具体的条款条例来界定学校法人的权利和责任，保障学校财产的合法使用和管理。例如，2023 年，云南省出台《云南省民办学校财务管理及办学资金监管办法（试行）》，明确规定了民办学校法人的财产权归属和保护措施，禁止任何组织或个人侵占、私分或者挪用学校财产。[1] 第三，关于规范民办学校的收费权限和行为，政府部门通常会制定详细的收费指导标准，并要求学校在收费前向教育行政部门申报，经审批后方可实施。这一政策的实施有助于避免过高学费和随意的费用增加，保护学生和家长的权益。例如，江苏省发展和改革委员会、江苏省教育厅、江苏省市场监督管理局发布的《江苏省民办中小学校收费管理办法》，要求所有民办中小学学校公示收费标准及其构成，严禁超范围、超标准收费。[2] 第四，确认并规范民办学校的关联交易是另一重要环节。这要求民办学校明确报告其与任何关联方进行的所有交易，确保这些交易公正合理，避免利益冲突。上海市最先对民办学校关联交易出台规制措施，要求民办学校接受教育行政部门等相关部门对民办学校与利益关联方开展关联交易的监管，并在民办学校年度财务报告审计中对关联交易作专项披露和评价[3]。第五，强化民办学校财务的监管是整个管理体系的关键。这不仅涉及定期的财务审计，还包括对学校财务行为的监控和评估。多地政府部门设立民办学校年度检查制度，定期检查民办学校的财务记录和经营状况，确保学校的运行不偏离规定的轨道。通过这些举措，民办学校不仅提升了财务透明度，还有效地履行了应有社会责任，有利于自身的健康稳定发展。

第三节　引导规范民办教育发展政策的现实难点

在引导规范民办教育政策的具体执行过程中，各级政府、各级各类民办学校、社

---

[1]　云南省教育厅：《云南省教育厅等六部门关于印发云南省民办学校财务管理及办学资金监管办法（试行）的通知》，云南省人民政府门户网站，2023 年 12 月 15 日，https：//www.yn.gov.cn/zwgk/zfgb/2023/2023d23q/sjbmwj/202312/t20231229_292744.html。

[2]　江苏省人民政府办公厅：《江苏省发展和改革委员会江苏省教育厅 江苏省市场监督管理局关于印发《江苏省民办中小学校收费管理办法》的通知》，江苏省人民政府，2023 年 1 月 9 日，https：//www.jiangsu.gov.cn/art/2023/1/9/art_64797_10722319.html。

[3]　上海市教育委员会：《上海市教育委员会关于印发《上海市民办学校关联交易管理办法（试行）》的通知》，上海市人民政府，2024 年 1 月 11 日，https：//www.shanghai.gov.cn/gwk/search/content/19c4270f76864684aec23ed55aa73eed。

会公众等利益相关者不断进行博弈，且不同主体的话语权、影响力和公信力等不尽相同。这在促成政策既定目标实现的同时，也产生了不少非预期成效，使引导规范民办教育的政策遇到现实难点，主要表现为政策内容的系统性有待增强、政策执行的进程较为缓慢、教育督导评估的力量较为薄弱、利益相关者的共识较难达成。

一、政策内容系统性有待增强

多元的政策联动是保障民办教育政策有效落实的重要外部条件，也是减少政策执行偏差行为的有效策略。当前，我国民办教育政策的系统性不足，多元联动机制尚未形成。一方面，国家层面的规范化、指导性的政策较多，地方层面的精细化差异化政策相对较少。以民办教育支持政策为例，我国民办教育经费主要依靠学生的学费，财政支持所占的比重很低，而我国现行的财政支持政策主要是购买教育服务的专项资金和奖励支持，地方层面的政策体系相对不足，较难形成自上而下的支持性政策体系。

另一方面，民办教育政策多受外部性力量影响，内源性的制度变革动力相对不足。例如，分类管理虽然是我国民办教育的重大制度设计，但从"不得以营利为目的"到允许取得"合理回报"再到"分类管理"的制度变迁动力，不完全是民办教育发展到一定阶段的自然产物，而主要是受到外部行政力量和立法手段的影响。这难免给民办学校举办者带来选择困难，比如，分类管理政策颁布初期，大多数民办学校的举办者选择举办非营利性民办学校，以便更好地享受非营利性民办学校享受优惠政策，但他们并不会在短期内完全放弃获得经济回报的办学动机。但从分类管理的总体实施情况来看，按期完成分类登记的省份不多，很多学校仍处于观望状态，有的本来想登记为非营利性民办学校，最后选择登记为营利性民办学校。

二、政策落实执行进程较为缓慢

纵观我国引导规范民办教育政策的执行情况，不难发现其执行进程较为缓慢。实际上，执行缓慢一直是我国民办教育政策的重要特征，这主要是由我国民办教育本身的复杂性和政策内容的模糊性所致。研究发现，部分省份分类管理配套政策较为模糊，原则性强、操作性弱，在土地供给、税收优惠、补偿奖励等核心问题上语焉不详，国家法定扶持政策很难落实[①]。以民办学校的税收问题为例，《实施条例》规定"民办学校享受国家规定的税收优惠政策；其中，非营利性民办学校享受与公办学校

[①]　阙明坤、倪涛：《高质量发展视域下我国民办教育法治建设的困境与破局》，载于《现代教育管理》2023 年第 11 期。

同等的税收优惠政策"，这种规定的确为地方政策的制定预留了较大空间，有利于地方政府制定具有地方特色的扶持政策，但民办学校对"同等"本身的认识存在偏差，把握不好执行的尺度，且目前的法律体系中，任何关于税收的立法都只能通过全国人大或国务院来决策，地方没有相应的立法权。① 在国家层面的税种、税率和征管等基本制度没有相应调整之前，地方难以把握税收的支持力度。可以看出，很多地方的配套政策与国家层面政策的相似度较高，尚未较好体现地方实际，很多政策较难落地。

有学者从组织行为决策视角出发，提出我国民办教育政策的制定具有"剧变"（而非"渐变"）和"理想导向型"（而非"问题导向型"）的特点②，很多民办教育新法新政与民办教育的实际改革需求不够吻合，由此产生了政策失灵现象。例如，自民办教育分类管理政策提出以来，教育部开始根据国务院精神协同其他几个部委，共同制定吸引民间资金进入教育领域的政策；教育部也多次召集由多个中央部委负责人参加的工作会议，涉及土地、财政、税务、民政等部门。再如，分类管理政策正式施行后，虽然各地按照中央要求陆续出台了《民办学校分类登记管理办法》，但不少省份的配套政策较为迟滞，很多省份设置了分类登记的过渡期，过渡期为 3~6 年不等。当前，义务教育阶段民办学校和校外培训机构已全部登记为非营利性组织，多数民办幼儿园也转为普惠性幼儿园，但仍有部分省份已超过过渡期却未完成分类登记。民办学校尤其是民办高校的观望情绪较为普遍，思想顾虑较大。虽然多数学校打算选择非营利性，同时也担心由于大多数地方政府出台的配套文件对补偿和奖励标准不明确，之前的投入无法获得应有的奖励和补偿，财产性权益得不到保障。部分举办者对选择营利性道路的积极性不高，原因主要是担心政府差异性的扶持政策和制度差别，使营利性学校外部发展环境面临更大的挑战。这些担忧都在一定程度上影响了民办教育政策的执行效果。

三、教育督导力量较为薄弱

近年来，很多地区都按照中央要求对地区内各级各类民办学校进行督导，主要通过听汇报、看现场、查资料、随机听课、问卷调查等方式，对民办学校的党的建设、办学条件保障、教育教学管理、师资队伍建设、校园安全等进行全面督查，对上年度督导提出的问题整改落实情况进行跟踪督查。但总体而言，民办教育的督导体系尚不

---

① 肖海燕、彭虹斌:《民办教育新法新政执行的调适研究——基于史密斯政策执行过程模型的分析》，载于《高教探索》2020 年第 4 期。

② 阎凤桥:《民办教育政策推进为何缓慢？——基于组织行为决策视角的考察》，载于《华东师范大学学报》（教育科学版）2017 年第 6 期。

系统，民办教育督导的专业性有待提高，对民办学校的有效督导措施相对较少。国家教育督导委员会的处室设置主要包括综合处、义务教育督导处、专项督导处、学校督导处、督学管理处和评估监测处，没有民办教育的专门督导机构，各地方人民政府教育督导室以及教育督导学会、协会等部门，对民办教育督导机构的设置也不明朗。民办教育监督机制的缺失，导致各地对新法新政执行的监督检查力度不够，新法新政的推进主要依靠执行机构和人员的自觉行为，在各地公开的资料中，少见明确的执行计划或时间表。

以民办高校的动态监管措施为例，自 2020 年开始，国家对本科高校教学工作采取合格评估和整改情况督导复查的做法，这对规范民办高校的办学行为起到了一定的警示作用。但是一些动态监测手段，如年检、换发许可证以及民办高校日常办学中存在的师生权益受损、投诉渠道不畅以及举办者违规招生、抽逃资金、关联交易等问题，仍未引起国家和有关部门的足够重视。此外，政府对营非选择、产权归属、公共财政资助等方面的政策落实较为缓慢，对集团化办学行为的监管尚存在比较明显的法律和制度缺陷[1]，这些都不利于民办学校的高质量发展。

四、利益相关者共识较难达成

民办教育政策制定和落实的有效性，在一定意义上取决于多个政府部门之间的配合程度，并且受到既有规则能否及时作出调整的影响。[2] 回顾《实施条例》颁布以来的我国民办教育政策执行情况，发现政策执行绩效不尽如人意，平衡各方面利益的效果不明显。这主要是由于民办教育问题非常复杂，涉及政府、学校、家长等多个利益主体，涉及多领域、多部门、多环节，单靠某一主体、某一部门难以解决民办教育发展的瓶颈问题，很难形成引导规范民办教育健康可持续发展的合力。以普惠性民办幼儿园的管理为例，其利益相关者包括教育行政部门、幼儿园、家庭、社区等与幼儿园质量提升密切相关的个人或组织。这些利益相关方既受到普惠幼儿园等相关政策的影响，又深刻影响着普惠幼儿园的质量提升和特色建设，其中，政府作为普惠性民办幼儿园管理监督的责任主体，能否发挥好主导作用，既能加强对普惠性民办幼儿园的扶持力度，又能规范引导普惠性民办幼儿园不断提高保教质量、提高办园条件、增强社会责任，至关重要。

---

① 火东霞：《严格监管背景下民办本科高校高质量发展的困境与对策——基于 10 所被督导复查民办本科高校办学情况的分析》，载于《浙江树人大学学报》2022 年第 4 期。

② 阎凤桥：《民办教育政策推进为何缓慢？——基于组织行为决策视角的考察》，载于《华东师范大学学报》（教育科学版）2017 年第 6 期。

在民办教育政策执行中，政府往往同时扮演服务者、协调者等多种角色，权责划分模糊，导致政策执行频现"重叠""冲突"，还会导致政策执行的"单一化""简单化"，甚至产生"有意滞后"倾向。政策制定者发现民办教育的问题后，可能会对一些问题的性质有些分歧，未形成共识，或者在当时状态下还没有有效的解决对策；又或者问题还未完全暴露，尚需观察和思考，政策制定者以旁观者的姿态，关注问题的继续发展，直至问题充分暴露或形成广泛共识后再制定相关政策。[①] 民办学校的举办者、各级教育行政主管部门、社会公众、民办学校师生都有各自的利益诉求和关注点，如何进一步明确不同利益主体的权责关系，最大限度地挖掘不同利益主体的内生诉求，寻求所有利益主体的最大公约数，直接关乎新时代民办教育的改革发展力度和规范化政策的落实程度。

第四节　引导规范民办教育发展的未来趋向

在新的历史起点上，我国民办教育发展环境面临深刻变化、发展动能面临深刻调整，民办教育步入以鼓励公益办学为重点的全面规范期[②]，需处理好"有为政府"和"有效市场"的关系，切实发挥好政府的"有为"作用，善于引导市场更多发挥正向效能。首先，政府要发挥好主导作用，承担起引导和规范民办教育发展的职责和使命，通过建立健全宏观调控和发展规划体系、优化教育体制机制、加强监督检查、颁布实施相关政策、防范化解风险挑战等方式，推动民办教育规范发展，凸显有为政府的地位和作用。其次，要发挥好"有效市场"在引导规范民办教育高质量发展中的作用，通过高效配置生产要素资源、推动民办学校自我变革、促进公办民办教育协调发展等方式，引导各级各类民办学校自觉自律，主动改善办学条件，谋求学校高质量发展。最后，要凝聚思想共识，将"有为政府"和"有效市场"有机结合，最大限度地发挥政府和市场的独特作用，凝聚利益相关者的改革共识，协力推进民办教育政策的落地。

一、健全体制机制，完善民办教育整体规划

引导和规范民办教育发展，政府发挥着关键性作用。各地教育行政部门要在党委

---

①　徐绪卿、周朝成：《民办高等教育政策滞后的策略及其运用》，载于《浙江树人大学学报》（人文社会科学）2020 年第 1 期。

②　董圣足、王慧英：《新形势下民办教育宏观治理的完善与创新》，载于《华东师范大学学报》（教育科学版）2024 年第 6 期。

的统一领导下，将民办教育纳入地区总体规划，建立协调领导机制，逐步形成上下贯通、多方联动、各司其职、齐抓共管的工作格局。

第一，政府加强宏观调控，加强民办教育高质量发展的顶层设计。建议国家层面研究制定民办教育高质量发展的宏观指导意见，统一思想认识，明确民办教育高质量发展的基本原则、任务要求、主要内容、工作举措、组织保障等，为各地引导规范民办教育发展提供根本遵循。地方政府要结合地区民办教育改革发展实际，积极探索地区性的法规政策，明确政府在民办教育改革发展中的职责。

第二，政府要提前把引导和规范民办教育发展工作纳入教育现代化、教育强国建设规划中。要明确提出地区民办教育发展的长短期工作目标、工作思路和工作重点，为民办教育的可持续健康发展奠定基础，坚持早谋划、早动工、早建设。例如，可在地区的五年规划中明确各级各类教育入园率、民办学校教师待遇等重要指标，将民办教育建设纳入五年规划项目库，并针对性地设立若干民办教育办学质量提升等重点项目或重大工程。

第三，进一步完善民办教育工作管理体制和协调机制，组建多部门共同参与的联席会议制度。明确联席会议制度的职责与分工，包括提出促进地区民办教育健康发展的工作思路，落实上级关于引导规范民办教育发展的政策措施，强化对民办教育的监督指导。建立综合执法机制，纠正违法违规行为，规范办学秩序，规范校外培训机构管理，推动形成健康有序的发展环境。建立部门联动机制，加强各级各部门信息互通和配合协作，及时总结工作成效，推广先进做法和经验。

二、坚持引导规范，推动法规政策落实落细

当前和未来一段时期内，我国民办教育发展仍深受政策支持力度和方式的影响，但规范办学必将有利于民办学校获得更大支持、真正实现民办教育的高质量发展。需要明确的是，虽然"引导规范"是当前民办教育的主要政策导向，但并不意味着"规范高于支持"，也不意味着民办教育支持政策的失效。

一是提高政策执行力，依法依规落实落细民办教育支持政策。《实施条例》明确要求各级人民政府应当依法支持和规范社会力量举办民办教育，保障民办学校依法办学、自主管理，鼓励、引导民办学校提高质量、办出特色，满足多样化教育需求；各级人民政府及有关部门应当依法健全对民办学校的支持政策，优先扶持办学质量高、特色明显、社会效益显著的民办学校；县级以上地方人民政府可以参照同级同类公办学校生均经费等相关经费标准和支持政策，对非营利性民办学校给予适当补助。这需要各地进一步细化规范和支持的政策，尤其要提高支持性政策的可操作性，提振民办教育规范办学的信心。

二是研制兜底政策，扶持欠发达地区（学校）民办教育发展。建议中央财政加快对财政困难省份的支持力度，减轻地方经费压力；另一方面督促地方党委和政府切实履行政府举办义务教育的法定责任，将规范教育尤其是民办义务教育发展摆在突出位置，在政策制定、资金扶持、环境优化等方面给予足够支持。调研发现，有的地方对普惠民办园实施系列兜底政策，例如，坚持设施财政资助，对民办园的园所租赁及维修、设施配置等实施优惠或奖补，大大降低民办园的运行成本。其他地区可借鉴此项优秀经验，通过购买服务的方式支付教师尤其是幼儿园教师的专项培训费，扶持地区内民办教育发展。

三是建立健全"公平而有差别"的分类扶持政策体系。当前，民办教育的扶持政策尚不完善，相关规定未得到有效落实，政策的执行力不高，操作性不强。各级教育行政部门应依法依规在政府津贴、购买服务、土地划拨、税费减免、基金奖励、捐资激励等方面，给予对非营利性民办学校足够扶持，同时，通过政府购买服务和税收优惠等方式，对营利性民办学校给予一定支持。

三、发挥督导作用，提高民办教育督导水平

教育督导作为现代国家教育治理机制的重要组成部分，是国家对教育实行监督和指导的有力手段，通过发挥政府的监督、检查、评估、指导职能，能有效深入推进管办评分离改革，构建起政府、学校、社会良性的社会关系。

一是进一步加强督学队伍建设，提高督导专业化水平。各级教育督导机构要严格依照《教育督导条例》等法律法规，强化督政、督学、评估监测职能，加强对下一级政府履行教育职责的督导，重在发现问题、诊断问题、督促整改，要不断督导人员的法规政策水平、教育评价素养和实际工作能力，探索建立充分发挥国家督学和各级督学作用的工作机制，增强对民办教育日常办学行为的监督力度。进一步强化程序意识，细化工作流程，优化督导工作方式方法，提高督导工作实效。

二是发挥督导"长牙齿"作用，督促民办学校加强整改。民办教育办学行为的复杂性，决定了更好发挥教育督导的保驾护航作用，在"长牙齿"的基础上"强牙固齿"。各级教育督导部门要督导指导有问题的民办学校制定整改方案，建立整改台账，落实整改要求，让督导真正落到实处，促进民办学校健康稳定发展。

三是同步落实好激励措施，提高民办学校规范办学积极性。各地要用好、巩固好督导成果，分类分级形成督导结果，对于督导结果为优秀的民办学校加强激励，在政策支持、财政拨款、招生计划等方面给予一定倾斜，鼓励民办学校坚持社会主义办学方向，落实立德树人根本任务，依法依规办学。

四是建立国家教育督导数字化平台，并增加民办教育板块。加强教育督导数字化顶层设计，建立国家教育督导数字化综合平台，能为地方各级督导部门和学校提供有力支持。同时，在教育督导数字化综合平台单设民办教育板块，丰富拓展平台功能，如增加数据分析、诊断、预警等功能，为各级教育行政部门科学决策提供直接的参考，及时化解可能的民办教育风险，最大限度地减少教育舆情的发生与影响。

四、用好市场机制，激发多主体参与活力

引导规范民办教育发展，不仅需要进一步压实政府的主体责任，通过规划制定、政策研制、外部督导等多种手段促进民办教育的高质量发展，更需要发挥市场机制，借助市场这只"看不见的手"自身的"自我匹配"效应，激发民办学校、社会组织等主体的自身能动性，发挥各类组织在提供基本服务、营造良好舆论氛围、规范办学行为等方面的积极作用，共同参与到民办教育治理中来。

第一，明确市场与政府的职责边界。在引导规范民办教育发展的过程中，政府无疑承担着引导、监管等职能，但并不意味着政府对所有教育资源进行直接调配。从我国民办教育40余年的发展历程看，市场发挥着越来越突出的作用，可以说，市场机制持续提高了我国教育资源的配置效率，满足了多样化的教育需求。为此，要减少政府对微观办学行为的直接干预，把政府不该管、不能管的事项交给市场，把市场能有效调节的教育活动交给市场，确保市场与政府在民办教育综合治理中各司其职，切实保障民办高校的办学自主权。

第二，民办学校加强自律，不断提高办学规范化水平。民办学校是办学规范化的第一负责人，应自觉增强依法治校理念，不断提高办学规范化水平。一要加强党的建设，加强思想引领，提高民办学校教育者对中央精神和党内重要政策的知晓与理解程度，高度重视民办学校党建工作；加大党的组建和建设力度，推动民办学校党组织和党的工作全面覆盖，充分发挥各级各类民办学校党组织的战斗堡垒作用。二要持续优化民办学校内部治理结构，理顺举办者、校长等内部利益主体的关系，切实保障校长依法享有的教育教学及行政管理权，不断提高民办学校校长的专业化。三要守正创新，坚持走"特色办学"和"错位发展"之路，民办学校尤其是民办高校要用好自身在"贴近市场"方面的独特优势，找准自身办学特色，主动面向市场需求，争创办学特色，提升办学质量，树立学校口碑，打造学校名片。

第三，发挥社会力量作用，构建多主体参与办学局面。社会力量是民办教育改革发展中的重要主体，在肯定民办教育地位作用、支持民办教育法律法规落实、引导社会资金进入教育领域、宣传民办教育办学成效、助力营造外部良好舆论环境等方面发挥着重要作用。为此，要高度重视行业组织在开展行业自律、行业维权与其他行业服务活动中的作用，畅通行业组织在提出意见建议、反馈民办教育行业诉求等方面的渠道，发挥好行业组织在宣传民办教育地位、宣传民办理论和实践成果、宣传民办学校良好社会形象等方面的作用，形成共同关心支持民办教育发展的良好局面，协力促进民办教育的高质量发展。

后　记

持续编撰民办教育发展年度报告，长期追踪我国民办教育发展状况，是推动民办教育健康可持续发展的有效手段。本书是北京师范大学民办教育研究团队连续出版的第 10 本中国民办教育发展报告。在延续以往年度报告编撰体例的基础上，我们持续调整、及时更新、精心设计报告撰写的思路和框架，对章节和内容进行了多轮调整修订。在团队的共同努力之下，于 2024 年上半年完成了本书的编撰工作。

本书全面梳理了 2022～2023 年度我国民办教育改革发展的最新情况，围绕加强党对民办教育的全面领导、推进民办学前教育普惠安全优质发展、促进民办中小学特色多样发展、推动民办高等教育高质量发展、增强民办职业教育适应性、提升民办学校内部治理能力、加强民办学校教师队伍建设、引导规范民办教育发展政策等前沿热点，进行了系统深入的研究和分析。在报告的撰写过程中，通过梳理中央和地方层面的政策举措、总结民办教育改革发展的主要成效，深入分析存在的问题堵点，并提出针对性的改进建议，以期为引导规范民办教育高质量发展提供理论借鉴和实践参考。

本书的具体写作分工为：周海涛负责统筹规划报告整体架构，确定报告的编撰思路，主持审稿、统稿和定稿工作。景安磊负责细化报告结构，设计行文模式，组织联系报告的编撰事宜。第一章由信阳学院杨高伟撰写；第二章由陕西科技大学王艺鑫撰写；第三章由杭州师范大学张墨涵撰写；第四章由浙江工业大学郑淑超撰写；第五章由陕西师范大学胡万山撰写；第六章由浙江越秀外国语学院施文妹撰写；第七章由北京信息科技大学刘永林撰写；第八章由中国教育科学研究院闫丽雯、北京师范大学肖燕撰写。北京师范大学博士生林思雨、硕士生孙钦涛和尚兴娟参与了统稿、修订、校对、排版的部分工作。

报告中借鉴了许多同行专家的慧见，吸收了部分地区民办教育改革和发展的有益经验与创新成果。报告的及时出版还得到了经济科学出版社的大力支持。谨向本书所有的支持者、参与编写的同仁以及给予帮助和指导的领导和专家们致以诚挚谢意！

圈于时间和能力水平，报告中难免存在疏漏和不足之处，敬请广大读者和同行专家批评指正。